NOUS VOULONS TOUS MOURIR DANS LA DIGNITÉ

DU MÊME AUTEUR

L'Amour ultime : l'accompagnement des mourants
(avec Johanne de Montigny)
Hatier, 1991, LGF ; « Le Livre de Poche », 1997

La Mort intime
Ceux qui vont mourir nous apprennent à vivre
Robert Laffont, 1995 et 2001 ; Pocket, 1997

L'Art de mourir. Traditions religieuses et spiritualité humaniste face à la mort aujourd'hui
(avec Jean-Yves Leloup)
Robert Laffont, 1997 ; Pocket, 1999

Croître jusqu'au dernier moment
(avec Edmond Blattchen)
Alice, 2001

Nous ne nous sommes pas dit au revoir
La dimension humaine du débat sur l'euthanasie
Robert Laffont, 2001 ; Pocket, 2002

Doit-on légaliser l'euthanasie ?
(avec André Comte-Sponville et Axel Kahn)
L'Atelier, 2004

Le Souci de l'autre
Robert Laffont, 2004
Prix « Livres et droits de l'homme »
de la Ville de Nancy, 2004

Propositions pour une vie digne jusqu'au bout
Le Seuil, 2004

Mourir les yeux ouverts
Albin Michel, 2005 ; Pocket, 2007

(*Suite en fin de volume*)

MARIE DE HENNEZEL

Nous voulons tous mourir dans la dignité

ROBERT LAFFONT

ISBN : 978-2-221-13642-3

Je porte ici l'inquiétude de ma génération. J'ai soixante-six ans et, comme beaucoup de personnes de mon âge soucieuses de vivre et mourir dignement, je suis surprise qu'un gouvernement de gauche, porteur des valeurs de solidarité, trouve plus urgent de remédier à l'indignité des fins de vie en légiférant sur les moyens d'écourter une existence qu'en s'attaquant fermement aux racines de l'indignité. N'y a-t-il pas une autre perspective pour mourir dignement qu'une loi qui permet d'abréger la vie quand on n'en peut plus ?

Que signifie la précipitation avec laquelle on envisage de modifier la loi en vigueur, une loi protectrice des droits des malades en fin de vie, alors qu'elle n'a pas encore été vraiment appliquée ? L'intention affichée d'ouvrir la porte au suicide assisté est perçue comme une menace par ceux qui, vieillissant et ayant déjà l'impression d'être un fardeau pour la société, se demandent ce que signifie ce choix politique et ce qu'on en fera. Vu la gravité de l'enjeu, notre société se doit d'en débattre.

En m'exprimant dans les pages qui suivent, je souhaite faire entendre la voix des plus de soixante-cinq ans et contribuer, par mon expérience et ma réflexion, au débat que nous espérons.

On meurt mal dans notre pays. C'est un cri qui monte de tous côtés. Ce ne sont que plaintes. Les gens en fin de vie souffrent, les traitements ne sont pas efficaces, les médecins ne sont pas joignables, ils n'écoutent pas, n'entendent pas, sourds à la détresse de leurs patients. On meurt à petit feu d'une agonie interminable, dans des râles terribles, une odeur atroce, ou abandonné sur un brancard dans les couloirs des urgences. Les drogues rendent fou et donnent envie de se jeter par la fenêtre. Les témoins n'en peuvent plus. Voilà les propos que la mission conduite par Didier Sicard a entendus ces derniers mois.

Malgré les efforts faits pour développer les structures de soins palliatifs et en diffuser la culture, malgré les lois votées pour encadrer la fin de vie et les nombreux rapports rédigés depuis vingt ans, les conditions du mourir sont toujours globalement aussi indignes. Les Français en ont une vision négative et anxiogène. Ils sont massivement en faveur d'une « assistance médicalisée » pour mourir dans la dignité. La fin de vie est donc devenue un problème politique, que François Hollande a promis de résoudre dans la mesure 21 de son programme. Une fois élu, le président de la République a mandaté une mission sur ce sujet dirigée par le professeur de médecine Didier Sicard.

Dans son rapport « Penser solidairement la fin de vie », remis en décembre 2012 à l'Élysée, Didier Sicard s'est mis résolument du côté des personnes malades en fin de vie. Il a cherché une voie – une voie « à la française », dit-il – pour répondre à leur angoisse, sans pour autant toucher à l'interdit de donner la mort, barrière infranchissable à ses yeux dans une société démocratique. Le recours à l'euthanasie est donc fermement écarté. Tout en recommandant de ne pas légiférer dans l'urgence, le rapport préconise un changement de la culture médicale, le développement des soins palliatifs, et l'application de la loi actuelle, la loi Leonetti, toujours méconnue du public et des professionnels de santé.

Cependant, soucieux de prendre en compte les situations extrêmes, laissées de côté par la loi, il ouvre la porte à la sédation terminale, c'est-à-dire à l'administration d'opiacés plongeant le patient qui le demande dans le coma, puis dans la mort. Il entrouvre aussi la porte du suicide assisté, une pratique qui consiste pour un médecin à fournir à un malade une substance mortelle, que ce dernier prendrait lui-même pour mettre fin à sa vie.

Dès réception du rapport, et sans tenir compte de la recommandation du professeur Sicard de ne pas légiférer à nouveau, l'Élysée a annoncé qu'une nouvelle loi sur la fin de vie serait votée l'été prochain. Afin d'en préparer le texte, François Hollande a demandé au Comité national consultatif d'éthique d'examiner les modalités selon lesquelles le suicide assisté et la sédation profonde pourraient être institués dans notre pays.

Depuis vingt-cinq ans, mon action et ma réflexion sont au service de la nécessaire évolution de la médecine et de la société, pour que les Français puissent mourir dans de meilleures conditions. Les livres que j'ai écrits – notamment *La Mort intime*[1] –, les rapports[2] rédigés lorsque j'étais chargée de mission au ministère de la Santé, s'appuient tous sur l'expérience que j'ai acquise sur le terrain, auprès des patients en fin de vie, leurs familles et leurs soignants. J'ai exercé pendant dix ans, comme psychologue, dans la première unité de soins palliatifs (USP) française, puis dans une unité de soins sida. J'ai tenté ensuite de transmettre cette expérience au travers de formations et de nombreuses conférences grand public.

Aujourd'hui, cette question de la fin de vie me tient particulièrement à cœur. Je côtoie, dans les séminaires que j'animе auprès d'une population

1. Voir la page « Du même auteur » en début d'ouvrage.

2. « Fin de vie, le devoir d'accompagnement » remis à Jean-François Mattei (*La Documentation française*, octobre 2003) et « La France palliative » remis à Roselyne Bachelot (*La Documentation française*, mars 2008).

âgée de 60 à 100 ans, des personnes qui, pour certaines s'approchant de leur mort, se disent inquiètes. Pense-t-on vraiment, disent-elles, pouvoir assurer la dignité d'une existence qui s'achève en légalisant l'euthanasie ou le suicide assisté ?

Si les jeunes seniors (60-75 ans), qui ont souvent été témoins de fins de vie indignes, refusent d'être dépossédés d'eux-mêmes à la fin de leur vie, et veulent pouvoir maîtriser les conditions de leur mort, les plus âgés (au-delà de 75 ans) sont résolument contre une loi sur l'euthanasie. Comme ils craignent plus que tout d'être considérés comme les rebuts de la société, de terminer leur existence dans des lieux inhumains, ils perçoivent avec une acuité étonnante les dangers d'une loi qui permettrait aux médecins de donner la mort ou les pressions qui pourraient être faites sur les patients pour qu'ils se la donnent eux-mêmes. Demain, il n'y aura peut-être plus de solidarité du tout envers les plus âgés. On attendra peut-être d'eux qu'ils soient solidaires des plus jeunes, en leur laissant la place. Ils tiennent donc à ce que la loi protège leur vulnérabilité à venir, en maintenant dans le code pénal l'interdit de tuer. Ils attendent des mesures fortes pour humaniser la médecine et rendre plus dignes les conditions dans lesquelles ils vivent leur grand âge.

Face à cette inquiétude, j'explique inlassablement le cadre de la loi Leonetti, que la plupart des seniors ne connaissent pas. Cette loi, votée à l'unanimité en avril 2005, répondrait pourtant, si elle était bien appliquée, aux inquiétudes des plus âgés et à leur conception du « mourir dans la dignité ». Que dit cette loi ? Elle maintient l'interdit de donner délibérément la mort (euthanasie). Elle oblige les médecins à soulager les souffrances physiques et morales, au risque d'écourter la vie, et dans ce cas le patient et sa famille doivent être informés de ce risque. Elle interdit enfin l'acharnement thérapeutique et permet à une personne de demander l'arrêt d'un traitement qui la maintient en vie. Ce qui implique le devoir de la soulager et si nécessaire de l'endormir (sédation terminale).

Lorsqu'ils ont compris ce que la loi Leonetti permet, les seniors que je rencontre s'étonnent alors qu'on veuille la modifier ou la remplacer par une autre qui irait plus loin. « Pourquoi le gouvernement ne fait pas tout pour qu'on la connaisse et qu'elle soit appliquée? » se demandent-ils. Je m'interroge, moi aussi, sur le besoin de statuer si rapidement et de façon si radicale, alors que le bon sens commanderait de commencer par faire appliquer la loi qui existe, quitte à en améliorer certains points. Pourquoi une nouvelle loi? Pourquoi si vite?

C'est quoi, « mourir dans la dignité » ?

C'est l'inverse de ce que les gens ont décrit dans les débats qu'ils ont eus avec la mission Sicard. « *Je voudrais une mort douce* », s'est écriée une femme de 90 ans, rencontrée dans une résidence pour personnes âgées. « *Je voudrais une mort apaisée, dans mon lit à moi, pas à l'hôpital. Je voudrais qu'on soit autour de moi et qu'on me dise des mots d'amour, qui me donnent la force de mourir, qu'on me touche avec des gestes doux et calmes, qu'on me laisse glisser dans la mort sans me forcer à manger, si je n'en ai plus envie. Je veux sentir la vie autour de moi, les enfants bouger, les gens parler, et si je souffre, qu'on me donne ce qu'il faut pour que je n'aie plus mal. C'est ça pour moi mourir dans la dignité.* »

Cela semble si simple et c'est en fait très rare de mourir comme cela ! Les âgés en sont conscients. On les transférera au dernier moment à l'hôpital, un lieu où ils se savent promis à une mort angoissante et indigne. Probablement sur un brancard, dans les couloirs d'un service d'urgences.

Quand j'écoute la façon dont cette vieille femme parle de ce qu'elle souhaiterait pour sa mort, je me dis que la loi Leonetti, bien appliquée, répond à son vœu. Elle ne parle pas d'une pilule létale qu'on mettrait à sa portée pour qu'elle se donne la mort elle-même. Elle ne dit pas non plus vouloir qu'un médecin vienne lui administrer la mort. Bien des personnes âgées m'ont exprimé leur besoin d'avoir confiance dans leur médecin et d'être sûres qu'il ne viendra pas leur « faire la piqûre ».

Cette manière d'envisager la dignité des derniers instants correspond d'ailleurs à ce que réclamait déjà, il y a plus de trente ans, l'écrivain Michel Landa, atteint d'un cancer du poumon : « *Le droit de mourir dignement dans la lucidité, la tendresse, sans autres affres que celles inhérentes à la séparation et au glissement hors de cette forme de vie, ce droit devient un impératif évident dès lors que la vie peut être prolongée jusqu'au dernier délabrement – et même au-delà*[1]*.* »

Il y a trente ans, le « mourir dignement » réclamé par Michel Landa, c'était le droit de « se laisser glisser » dans la mort. C'est ce que permet aujourd'hui la loi que nous avons. À aucun moment de son texte, Landa ne revendique le geste qui tue.

Mourir dignement, tel que décrit ici, est effectivement un droit et c'est un devoir pour la société d'en assurer les conditions. Mais « mourir dans la dignité » a pris aujourd'hui un autre sens. Cela signifie anticiper sa mort pour ne pas se voir se délabrer ni imposer aux autres ce délabrement. Comme si la dégradation du corps et de l'esprit était signe d'indignité.

La hantise de la déchéance

Il faut lire à ce propos la façon dont Maurice Tubiana, âgé de 93 ans, parle de sa vieillesse : « *J'assiste chaque jour à la dégradation de ce corps*

1. Michel Landa, *Le Monde*, 17 novembre 1979.

qui fut source de tant de joies et dont la déchéance m'humilie[1]. » Peut-on dire pour autant que Maurice Tubiana a perdu sa dignité ? Tout au plus a-t-il perdu une certaine estime de lui-même. Mais la dignité intrinsèque à l'humain peut-elle se perdre quand on devient dépendant, très malade ou très âgé ?

J'ai souvent dénoncé la captation de ce mot magnifique de « dignité », par une association[2] qui milite, en son nom, en faveur de l'euthanasie et du suicide assisté. C'est un mot fort. Notre Déclaration des droits de l'homme est fondée dessus. On ne peut pas réduire la dignité à l'autonomie ni à l'intégrité du corps, ni même à l'estime de soi.

Dans un livre remarqué, Pascal Champvert porte un regard très critique sur cette France qui n'aime pas ses vieux, qui ne les respecte pas, qui considère que la vie d'un vieux ne vaut pas celle d'un jeune ; une discrimination qui pourrait bien s'étendre encore, si nous n'y prenons garde. « Comment pouvons-nous encore tolérer d'en-

1. Maurice Tubiana, *Le Monde*, 14 décembre 2012.
2. L'Association pour le droit de mourir dans la dignité (ADMD).

tendre dire d'une personne âgée et fragilisée qu'elle est un "légume" ou d'une personne atteinte de la maladie d'Alzheimer qu'elle "n'est plus un être humain"[1] ?

Qu'est-ce qu'une société où toute une génération se sentirait honteuse, indigne de vivre encore, et pour cette raison demanderait le droit de mourir? C'est pourtant vers cela que nous allons, dès lors que mourir dans la dignité serait mourir avant d'être impotent ou de devenir un poids pour les autres. Une mort propre, aseptisée, rapide, décidée soi-même, puisque les gens âgés, très malades ou dépendants auraient intériorisé le fait que les autres, les proches, les soignants, ne sont plus là pour prendre soin d'eux.

Alors que certains imaginent que mourir dans la dignité, c'est mourir entouré, aimé, estimé, d'autres commencent à comprendre qu'il vaudrait mieux qu'ils fassent place nette. À la solidarité qui se manifestait autrefois autour des mourants, s'est substituée une solitude, un

1. Pascal Champvert, président de l'Association des directeurs au service des personnes âgées (AD-PA), *Prendre soin de nos aînés, c'est déjà prendre soin de nous*, Carnets Nord, 2012.

« chacun pour soi » qui n'encouragent pas à faire confiance aux autres. On préfère compter sur soi.

Notre société a intériorisé une image tellement dévalorisée de la fin de vie et de la vieillesse que beaucoup pensent qu'il serait « charitable », au fond, d'aider les gens à partir. Maurice Tubiana écrit : « *Par charité, il faut les empêcher d'altérer l'image qu'ils donnent d'eux-mêmes, car ils ne sont plus que la caricature de ce qu'ils ont été.* » Parole terrible, qui fait honte à notre société, et à ceux qui ne jugent la dignité qu'à l'aune de l'image que l'on donne de soi.

Sommes-nous conscients du regard que nous portons sur les abîmés de la vie, de la force de mépris qu'il véhicule, du désespoir qu'il fait naître au cœur des malades, des âgés et qui les pousse en bout de course à préférer mourir que vivre ?

Cette préférence pour la mort, nous l'avons baptisée « mourir dans la dignité ».

La dignité commence par l'accueil

À l'évidence on ne sait pas aujourd'hui accueillir ou entourer une personne fragilisée par la maladie, le handicap ou l'approche de sa mort.

Il faut lire le rapport Sicard et la sévérité avec laquelle les Français jugent les conditions du mourir dans notre pays. Les disparités de traitement sont grandes d'un hôpital à l'autre, d'une maison de retraite à l'autre. Ici, on a formé les soignants à la culture palliative et on peut s'attendre à être respecté, soulagé et entendu dans son désir de ne pas être « prolongé ». Là, accompagner les mourants ne fait pas partie des missions du service et on a toutes les chances d'être mal soigné et de se sentir terriblement seul. Pense-t-on sérieusement qu'une loi sur l'euthanasie ou sur le suicide assisté rendra au mourir sa dignité ? On donnera la mort à ceux qui la réclament, faute de savoir les soulager et les accompagner, et on pensera ainsi « respecter leur dignité » ! On ne fera ainsi qu'aggraver la plus grande des inégalités : un mourir digne et humain là où la culture palliative aura pénétré, là où les médecins sauront s'asseoir au chevet des malades pour parler avec eux, apaiser leurs souffrances, accueillir et soutenir les familles, là où la loi Leonetti sera connue et appliquée ; un mourir expéditif là où l'institution ne se sera pas approprié la loi ni donné la peine d'intégrer cette culture.

D'ores et déjà la personne que l'établissement d'hébergement pour personnes âgées dépendantes (EHPAD) transfère la nuit à l'hôpital pour qu'elle ne meure pas dans sa maison de retraite a peu de chances de mourir dans la dignité[1] ? J'ai été témoin un jour du transfert dans un service d'urgences d'une femme de 92 ans, atteinte d'un Parkinson, dans le coma à la suite d'un accident vasculaire cérébral. J'étais là en observation, venue à l'invitation du docteur Pelloux qui dirigeait le service. Celui-ci était surchargé quand les brancardiers ont déposé cette femme, gisant à moitié nue sur sa couche, avec une perfusion dans le bras. Un ballet incessant de médecins et d'infirmières pressés, concentrés sur leur tâche, évitant de croiser le regard angoissé de tous les éclopés de la vie qui attendaient dans le couloir.

1. Selon le rapport Sicard, huit mille personnes en provenance d'EHPAD décèdent chaque année dans les heures qui suivent leur admission au service des urgences.

L'interne qui a reçu cette femme, ou plutôt son dossier, car elle était inconsciente, s'est tourné vers moi : « *Vous voyez! On n'a plus le droit de mourir tranquillement dans sa chambre! On se débarrasse des mourants sur les urgences. Ce n'est pourtant pas notre fonction!* » L'interne a hésité à la ranimer. Il a crié son prénom, Madeleine, très fort. Elle a réagi d'un grognement mais n'a pas ouvert les yeux. Finalement, au vu de son dossier, il a décidé de la transférer dans un box calme et de ne rien entreprendre. J'ai compris qu'il avait décidé de la laisser mourir. Il m'a demandé si je voulais bien rester un moment près d'elle, ce que j'ai accepté. J'ai eu le temps d'observer l'état d'indignité dans lequel cette vieille femme était arrivée : des escarres, des bleus, des ongles de pieds que l'on n'avait pas coupés depuis longtemps, quelques rares cheveux blancs sales, gras, collés, en désordre. Son état faisait honte. Il était manifeste qu'elle n'avait pas reçu de soins depuis longtemps.

Seule près d'elle, je lui ai pris la main. Son cœur s'essoufflait. J'ai senti qu'elle était en train de mourir. Alors pour qu'elle ne meure pas dans l'anonymat et la solitude la plus totale, pour mettre un soupçon d'humanité dans ce moment, je lui ai parlé et je l'ai appelée par son prénom, Madeleine.

Au moment où je relate ce souvenir, me vient à l'esprit cette réflexion de la journaliste Sophie Fontanel racontant l'accompagnement de sa mère devenue si vulnérable dans sa fin de vie : « *Qui dans ce monde pourra faire pour moi ce que je fais pour ma mère? Qui sera présent? Qui me soutiendra? Et est-ce que je me tuerai un jour, pour cause de ce manque d'amour très particulier qui est le manque d'aide*[1] ?»

Sentir qu'on existe

Plutôt que de réfléchir à la manière d'anticiper ou d'accélérer la mort de ceux qui n'en peuvent plus de vivre dans un monde qui les regarde comme des débris, les pouvoirs publics et nos parlementaires ne devraient-ils pas mettre toute leur détermination à humaniser l'hôpital afin qu'on y meure dignement? Pense-t-on vraiment

1. Sophie Fontanel, *Grandir*, Robert Laffont, 2010.

qu'une loi qui se contentera de redéfinir les pratiques médicales en fin de vie fera progresser sur le chemin de la dignité ?

La vraie dignité, c'est celle qu'éprouve la personne fragile que l'on vient soigner avec tact et douceur, et qui sent à travers gestes et regards qu'elle a toujours sa place dans le monde des humains. Il n'est pas rare d'ailleurs – et j'en ai été témoin – qu'un ultime contact – deux mains qui s'étreignent, une caresse sur la joue – ou une dernière parole permettent au mourant de « lâcher prise » et de mourir. Ces gestes ultimes qui permettent de mourir dignement, les soignants les connaissent. Quand la culture de l'institution le permet, ils les prodiguent, car ce sont des hommes et des femmes qui ont tout de même le souci de l'autre et la vocation humaine chevillés au corps.

Depuis une vingtaine d'années, je mets toute mon énergie de communicante au service de ce message. Dans mes livres, dans mes conférences, je ne cesse de tirer la sonnette d'alarme. La vraie dignité ne consiste pas à poser sur une table de nuit une petite pilule mortelle à la disposition du grand malade ou du grand vieillard lassé de vivre. Elle ne consiste pas non plus à injecter un poison, ou à poser un cocktail lytique[1], même si c'est à la demande de la personne. Car que sait-on vraiment de la solitude et de la détresse de celui qui n'a pas d'autre issue que de réclamer la mort ? Il faudrait se donner la peine de déchiffrer la demande. Se demander quel message on risque de lui adresser en accédant à son vœu de mourir : « Oui, tu as raison, tu ne vaux plus grand-chose. »

Si notre société, faute de véritable volonté politique d'humaniser les lieux de soins, se résout bientôt à organiser le suicide de ceux qui préféreront mourir que de continuer à vivre dans l'indignité, ce sera alors l'aveu d'un échec. La signature de la faillite des valeurs humanistes sur lesquelles sont fondées nos sociétés démocratiques.

J'admire beaucoup le combat du Professeur Emmanuel Hirsch, directeur de l'Espace éthique

1. Cocktail lytique : mélange de barbituriques dans une perfusion, destiné à provoquer la mort.

de l'AP-HP, qui nous rappelle que le droit de vivre dans la dignité sollicite davantage nos responsabilités humaines et sociales, que notre consentement « à octroyer la mort au nom d'une conception pour le moins restrictive de l'idée de dignité ».

Pour autant, nous rappelle-t-il, la parole de la personne qui n'en peut plus de souffrir et qui sait que cette souffrance ne conduit qu'à la mort « ne saurait nous laisser indifférents ».

Nous sommes là au cœur du problème. La loi Leonetti peut répondre à la quasi-totalité des fins de vie, à condition que les médecins en comprennent l'esprit et sachent l'appliquer. Mais il reste des situations limites, très rares, où sans doute seul le fait d'abréger la vie respecterait la personne. Ces cas ne peuvent laisser indifférent, en effet.

Répondre à l'angoisse des Français

La parole de la personne qui n'en peut plus de souffrir a donc touché Didier Sicard. L'ancien président du Comité national consultatif d'éthique avoue même le tourment et les sentiments contradictoires qui l'ont ballotté tout au long de sa mission.

Un rapport troublant

J'ai évoqué plus haut les principales recommandations du rapport « Penser solidairement la fin de vie ». J'ai éprouvé un certain trouble en le lisant. On a le sentiment que la commission, tout en préconisant une énième fois un changement de la culture médicale et l'application de la loi Leonetti, propose des mesures incantatoires auxquelles elle ne croit plus et que l'évolution législative inéluctable vers l'euthanasie ou le suicide assisté semble acquise à ses yeux. Ces deux pratiques, à travers l'analyse qui est faite de leur mise en œuvre à l'étranger, sont ici singulièrement banalisées, même si Didier Sicard affirme par ailleurs son refus d'un acte euthanasique brutal et radical, qui serait le franchissement d'une ligne rouge intangible.

D'autres contradictions m'ont troublée : préconiser de ne pas légiférer une fois de plus sur la fin de vie et en même temps entrer dans le détail des modalités du suicide assisté, au cas où le législateur déciderait de le mettre en acte; préconiser le développement des soins palliatifs tout en démontrant par ailleurs qu'ils sont responsables d'une coupure en deux de la médecine, le tout-curatif d'un côté, le tout-palliatif de l'autre, et que ces soins ne peuvent rester que marginaux; parler de solidarité et d'égalité devant la mort, et présenter comme acceptable l'engagement de l'État dans l'organisation du suicide de ceux qui, « *conscients et autonomes* », décideraient d'anticiper leur mort. La commission du rapport Sicard a-t-elle mesuré les conséquences d'un tel engagement et le message qu'il enverrait à tous les désespérés de la vie ?

Il manque enfin, dans ce rapport, la voix des plus de 65 ans. Le rapport se fonde sur deux sondages, l'un mené auprès des 35-65 ans, l'autre auprès de quelques personnes au seuil de la mort. On n'entend quasiment pas la voix des seniors. La prise en compte de ceux qui perdent peu à peu leur autonomie, qui se fragilisent et attendent de la société une vraie solidarité est quasiment absente de ce texte. On a le sentiment que seule la crainte des bien-portants de perdre un jour leur autonomie est mise en avant.

Le fait enfin que l'Élysée, dans la foulée de la réception de ce rapport, ait confié au Comité national consultatif d'éthique le soin de « *définir les critères stricts et les modalités* » permettant à un patient atteint d'une maladie grave et incurable d'être assisté dans « *sa volonté de mettre lui-même fin à sa vie* » montre que la décision de légiférer sur le suicide assisté est quasiment prise. « *Lorsque l'un d'entre nous en est venu à admettre douloureusement que le temps est venu de tirer sa révérence, n'y a-t-il en effet rien qui puisse être inventé de plus satisfaisant que de lui tendre un verre contenant le poison mortel, ou de lui injecter la piqûre qui tue ?* » se demande Véronique Fournier dans une tribune publiée par le journal *Le Monde*[1].

Je suis d'autant plus troublée par cette quasi-décision de légiférer sur le suicide assisté que la gauche entre ainsi en conflit avec les valeurs qu'elle a toujours défendues. On aurait pu s'attendre à ce que, prenant la mesure de la peur de mal mourir des Français, elle s'attaque avec force aux changements permettant un accueil plus humain, plus digne, et plus égalitaire des personnes en fin de vie. Au lieu de cela, on envoie aux plus fragiles d'entre nous, aux plus âgés, un message mortifère d'une gravité sans précédent : « Si vous n'avez pas les moyens de vous offrir une fin de vie digne, si vous avez le sentiment que votre existence devient inutile et onéreuse, si vous vous sentez abandonné des vôtres et de la

1. Véronique Fournier, médecin, directrice du centre d'éthique clinique de l'hôpital Cochin, *Le Monde*, 14 décembre 2012.

médecine, nous vous offrons cette possibilité : demandez à mourir et nous vous aiderons à le faire. » Est-ce le rôle de l'État d'organiser le suicide de ceux qui préfèrent mourir que de vivre avec le sentiment que leur fin de vie est un poids pour les autres ? Est-ce ainsi qu'il envisage son devoir de solidarité ?

Une nouvelle loi peut-elle servir les valeurs de la gauche ?

On nous dit que le peuple français a changé. Qu'il est mûr aujourd'hui pour une légalisation de l'euthanasie ou pour le suicide assisté. Si les sondages sont massivement en faveur d'une telle évolution, nous savons qu'ils traduisent avant tout la peur profonde que nous avons de mal mourir. Ce sont donc les conditions du mourir et l'accueil des personnes fragilisées par la vieillesse dans notre pays qu'il faut changer, pas la loi. N'est-ce pas le rôle de la gauche de penser le fond du problème au lieu de se précipiter sur une solution qui risque fort, en fin de compte, de ne pas être digne d'elle ?

Les vieillards malheureux de vivre que je rencontre parfois dans les établissements pour personnes âgées, si peu assurés de leur utilité dans le monde jeuniste qui est le nôtre, assombris par le sentiment de n'être plus qu'un poids pour les autres, attendent autre chose d'un gouvernement de gauche, pour lequel ils viennent de voter. Ils attendent qu'il opère la révolution humaniste des hôpitaux et de la médecine à laquelle ils aspirent. Ils attendent un vrai chantier sur la prise en charge de la perte d'autonomie[1], afin de corriger les inégalités qui pèsent sur l'avancée en âge. Pourquoi les jeunes handicapés seraient-ils mieux protégés que les handicapés de plus de 60 ans ? Pourquoi lorsqu'on est atteint d'un cancer ou d'une maladie cardiaque, la solidarité nationale jouerait-elle à plein, tandis qu'elle est absente aux côtés de ceux qui perdent leur tête ou leur autonomie ? Ils attendent que l'on valorise les métiers d'aide à la personne, que l'on pense le bien-être des âgés, pas que l'on mette en

1. Le chantier « Dépendance et cinquième risque » a été laissé en plan par Nicolas Sarkozy.

œuvre les moyens légaux pour les aider à se supprimer. J'entends leurs peurs d'être un jour l'objet de pressions, comme le disait un jour l'un d'entre eux, pour « *qu'on soulage les comptes de la Sécurité sociale en demandant la mort* ». Quelque chose qui deviendra si facile, pensent-ils, dès lors que ce sera légal ! Comme je l'ai évoqué au début de cet ouvrage, ils ressentent tout ce débat sur la fin de vie comme une intrusion d'une rare violence dans leur intimité et attendent de la loi qu'elle les protège.

François Mitterrand a toujours fermé la porte à l'euthanasie

La loi, nous rappellent les juristes, est faite pour le bien de tous. Pas pour céder aux revendications d'un petit nombre d'intellectuels encore bien-portants, obsédés par le désir de maîtriser leur mort, fort habiles par ailleurs à jouer sur les peurs légitimes de leurs contemporains pour obtenir une large assise à leurs revendications individualistes.

François Mitterrand était opposé à une loi sur l'euthanasie. Visionnaire, il en mesurait les dangers, les dérives inévitables. « *La nature humaine n'est pas habitée que de bons sentiments, hein ?* » avait-il dit lors d'une conversation que nous avions eue, deux ans avant sa mort, ajoutant : « *Je n'ai pas aboli la peine de mort pour la réintroduire sous une autre forme !* » Il me l'avait affirmé fortement, il était opposé à un droit à la mort. « *Dans un pays démocratique, une loi ne peut sacraliser un tel droit ! Tant que je serai en vie, je m'opposerai à ce que l'on franchisse la ligne rouge. C'est trop grave ! On ne va pas tout de même donner légalement à une profession le droit d'administrer la mort, non ?* » Il admettait que, dans certaines circonstances, la conscience du médecin lui commande de transgresser cet interdit, par compassion, par humanité, mais cela devait rester une affaire intime, face à une situation exceptionnelle. Et celui qui transgressait devait avoir le courage d'affronter la justice et d'expliquer son geste. « *Ce risque fait aussi la grandeur du médecin* », avait-il conclu.

J'imagine que, s'il était encore de ce monde, il inviterait son successeur socialiste à penser davantage les enjeux d'une loi qui graverait dans le marbre le droit pour les médecins de donner délibérément la mort.

Quelle voix, à gauche, peut aujourd'hui rappeler la grande responsabilité du législateur sur un tel sujet ? Celui-ci ne peut ignorer que le pouvoir d'administrer la mort, « *au nom d'une autonomie prétendue mais non vérifiable, peut aussi servir des pratiques eugéniques d'élimination de personnes qui coûtent cher et ne rapportent rien*[1] ». Robert Badinter ne s'est pas privé ces dernières années d'inciter à la prudence. Une loi qui modifierait le code pénal, a-t-il affirmé devant la mission de réévaluation de la loi Leonetti, créerait plus de zones d'ombre qu'il n'y en a aujourd'hui. Rappelant que le code pénal n'a pas seulement une fonction « *répressive* » mais « *expressive* », traduisant les valeurs de la société, il a affirmé être lui aussi contre un droit à la mort. Réécoutant son audition, j'ai retrouvé dans ses mots ceux de François Mitterrand. « *Nul*

1. Catherine Labrusse-Riou, philosophe, *L'ENA hors les murs*, septembre 2012.

ne peut retirer la vie à autrui dans une démocratie. » Dénonçant « *la fureur de légiférer pour répondre à l'appel médiatique* », il est allé jusqu'à affirmer : « *Faire la loi à partir d'une émotion collective justifiée, née d'une situation extraordinaire alors qu'on pourrait très bien éviter toute poursuite, ne me paraît pas devoir être l'œuvre d'un législateur.*[1] »

La France s'est donné à l'unanimité une loi que tous nos voisins européens nous envient et dont beaucoup se sont inspirés[2] ? Une loi aux contours suffisamment larges qui, si elle était appliquée avec intelligence et humanité, pourrait résoudre la quasi-totalité des situations douloureuses en fin de vie. Nous savons maintenant qu'elle permet l'assistance médicale au mourir dans 50 % des cas[3]. Aller plus loin, ce serait d'abord l'appliquer complètement. On n'a de cesse de démontrer ses limites, d'insister sur le

1. Robert Badinter, auditionné par Jean Leonetti à l'Assemblée nationale le 28 novembre 2008.

2. L'Espagne, l'Italie, l'Allemagne, la Suède, mais aussi l'Argentine et le Brésil.

3. Étude de l'INED, « Les décisions médicales en fin de vie », novembre 2012.

fait qu'elle ne résout pas tout – l'idée même qu'une loi puisse tout régler n'est-elle pas perverse ? – mais on ne s'est pas seulement donné la peine d'en comprendre l'*esprit* ?

Il me semble que la gauche s'honorerait en mettant les moyens nécessaires pour mettre en pratique la loi en vigueur. Les gouvernements précédents ne l'ont pas fait, et ont laissé se développer un mal-mourir dont la peur s'exprime aujourd'hui à travers les sondages. Elle s'honorerait enfin en prenant à bras-le-corps le chantier abandonné par Nicolas Sarkozy, celui de la dépendance. Si les personnes très âgées, malades et ayant perdu leur autonomie se sentaient enfin soutenues par une vraie solidarité économique et humaine, elles seraient peut-être moins tentées de demander la mort au motif qu'elles se sentent un poids pour leur famille et pour la société.

Pourquoi en sommes-nous là ?

L'inertie des pouvoirs publics

Je partage entièrement l'analyse qui est faite de la capture de la mort par l'hôpital et du manque d'écoute des besoins, des désirs et des peurs des patients, bref de la déshumanisation du mourir, points sur lesquels je n'ai cessé de tirer la sonnette d'alarme dans mes livres et mes deux rapports ministériels sur la fin de vie. Le rapport Sicard propose des mesures que tout le monde réclame depuis longtemps : la refonte des études médicales, la promotion universitaire des soins palliatifs, leur implantation partout en France, l'application de la loi Leonetti.

En concluant les états généraux de la santé le 30 juin 1999, Lionel Jospin avait déjà annoncé une modification des études médicales, pour que l'homme soit replacé au cœur du cursus universitaire et que le médecin soit plus proche de son malade. La gauche, aujourd'hui, a-t-elle l'intention de reprendre cette promesse ? Quelques années plus tard, j'ai préconisé des mesures[1] qu'aucun ministre de la Santé n'a jugé bon depuis de mettre en œuvre. Pourquoi les pouvoirs publics bougeraient-ils aujourd'hui ?

Aucune mesure pour faire appliquer la loi Leonetti

Je fais partie des gens qui réclament, depuis sept ans, une grande campagne d'information sur cette loi. Je suis convaincue qu'elle permettrait, si elle était connue du grand public et vraiment appliquée par les médecins, d'assurer la dignité de la fin de vie. Mais cette loi, aucun gouvernement n'a estimé important de la faire connaître.

1. Voir en fin d'ouvrage les mesures concernées.

Je me demande encore aujourd'hui avec une certaine colère, je l'avoue, pourquoi les responsables de l'époque[1] n'ont rien retenu des mesures que je préconisais. Je voudrais en donner trois exemples.

En 2005, j'ai obtenu du ministre de la Santé Philippe Douste-Blazy la mise en place d'un numéro azur afin d'écouter, d'informer et d'orienter les personnes en fin de vie et leurs proches[2]. Ce numéro a été ouvert avant que le ministre ne cède ses fonctions à Xavier Bertrand[3]. Mais il n'a jamais bénéficié de la grande campagne de communication qui aurait permis au public français de le connaître. J'ai même appris que toutes sortes de blocages avaient eu lieu pour en empêcher le fonctionnement. Par exemple, des affiches publicitaires destinées à informer le public dans les pharmacies sont restées stockées pendant un an dans les placards d'un bureau

1. Xavier Bertrand, Roselyne Bachelot, François Fillon.
2. Proposition 46 du rapport « Fin de vie, le devoir d'accompagnement » : « Créer un numéro vert ou azur » "Écoute fin de vie" avec triple mission : écouter, informer, orienter. »
3. Il s'agit du 0811 020 300.

d'une sous-direction du ministère de la Santé. Le numéro existe toujours aujourd'hui mais fonctionne à bas bruit et quasiment personne n'en connaît l'existence. On a progressivement retiré tous les moyens permettant qu'il soit efficace. Autrement dit, il est moribond.

De 2005 à 2007, j'ai entrepris d'autre part à la demande de Philippe Douste-Blazy un tour de France des régions pour animer des forums d'information sur la loi au sein de quelques hôpitaux[1]. Ces forums ont attiré un grand nombre de médecins et de soignants et j'ai mesuré l'intérêt d'une telle information, des échanges qu'elle permettait, des malentendus qu'elle levait. Il m'a semblé évident que ce que j'avais expérimenté dans quelques établissements aurait dû être généralisé à tous les hôpitaux et à tous les EHPAD. J'en ai donc fait la proposition. C'était une proposition qui ne coûtait pas cher mais qui impliquait que l'État s'engage, en obligeant les établissements à programmer tous les ans un tel

1. Ce tour de France a donné lieu au rapport, « La France palliative », remis en 2008 à Roselyne Bachelot.

forum. Lors d'une réunion au cabinet de Nicolas Sarkozy, en juin 2008, je me suis entendu dire qu'une telle mesure – pourtant très peu onéreuse, je le répète – était inapplicable. J'ai demandé pourquoi. On m'a répondu que la Fédération hospitalière de l'époque s'opposait à la tenue de tels forums sur le mourir, et encore plus à leur caractère obligatoire. On ne pouvait « imposer » aux établissements une telle révolution culturelle : apprendre à mieux respecter les droits des patients en fin de vie ! J'ai fait remarquer que l'on n'avait pas eu autant d'états d'âme lorsqu'il s'était agi d'obliger les médecins et les soignants à s'informer sur les mesures à prendre pour éviter les maladies nosocomiales. C'en est resté là...

Enfin en 2008, la mission d'évaluation de la loi Leonetti a proposé la mise en place d'un Observatoire national de la fin de vie, et je suis entrée dans son comité de pilotage. La mission de cet Observatoire était d'« *observer* » la manière dont on mourait en France. J'ai fait connaître mes réserves quant à l'interprétation que le président de l'Observatoire, Régis Aubry, faisait de la mission qui lui était confiée, privilégiant la recherche à l'action. J'aurais aimé que l'Observatoire se penche sur les cas difficiles, les cas extrêmes. J'imaginais une équipe qui se serait déplacée au chevet des équipes médicales ayant des difficultés à appliquer la loi, pour les écouter, essayer de comprendre l'objet des conflits liés à son interprétation. Étant, par mon métier de psychologue, une professionnelle de l'écoute, il me semblait que c'est ainsi, en allant sur le terrain, au contact des soignants, que l'Observatoire pouvait servir la loi Leonetti. Lorsque son premier rapport a été publié en 2010, j'ai estimé qu'il collectait des données que nous avions déjà et qu'il ne faisait pas avancer les choses. J'ai fait savoir mon désaccord et j'ai donné ma démission.

Une loi dénigrée parce que mal comprise

Je vérifie tous les jours que les gens ne savent pas ce que permet la loi Leonetti. On a dit qu'elle était inapplicable, qu'elle ne pouvait résoudre tous les problèmes, sans se donner la peine d'interpeller les médecins sur leur liberté

dans le cadre de cette loi décider d'endormir son patient si celui-ci le lui demande. Son devoir de soulager l'autorise à écourter l'agonie si elle est source de souffrance pour l'entourage. Tout est question d'interprétation et de conscience compassionnelle.

Dans une interview donnée au journal *Libération*, Jean-Pierre Tarot, le médecin de François Mitterrand, avait déclaré : « *La loi Leonetti permet beaucoup de choses, mais encore faut-il que les médecins prennent le temps de la lire ou de la comprendre. Ils peuvent se faire aider pour en saisir les subtilités, il faut savoir lire entre les lignes*[1]. » Au lieu de dénigrer la loi Leonetti, il serait de fait plus important de tout faire pour changer la culture des médecins et des soignants qui ne savent pas accompagner la mort. Mais cela demanderait une volonté politique qui a toujours fait défaut. On préfère légiférer à nouveau, et les mesures votées, qui cette fois-ci ne seront pas consensuelles, créeront des problèmes nou-

1. Propos recueillis par Marc Payet, « Modifier la loi serait gravissime », *Libération*.

veaux, et à leur tour ne seront pas appliquées. Une course en avant qui manque d'intelligence.

La mise en cause des soins palliatifs

Depuis 1999, tous les Français ont théoriquement le droit d'avoir accès aux soins palliatifs s'ils en ont besoin. Cela veut dire qu'ils peuvent demander à entrer dans une USP ou bien à recevoir la visite d'une équipe mobile, où qu'ils se trouvent, chez eux, dans leur maison de retraite ou à l'hôpital. Ces soins consistent à soulager la douleur, apaiser la souffrance psychique, soutenir l'entourage. Bien que les traitements de la douleur aient fait d'énormes progrès, la compétence à les mettre en œuvre est loin d'être généralisée. Les unités de soins palliatifs sont rares et l'implantation des équipes mobiles ou à domicile est très irrégulière en France. Enfin, comme l'a souligné le rapport Sicard, ces soins interviennent presque toujours trop tard.

Dans son rapport, je l'ai dit, Didier Sicard se montre singulièrement ambigu vis-à-vis de ce type de soins, même s'il en recommande l'extension. Ceux-ci seraient en quelque sorte responsables du clivage de la médecine, le tout-curatif d'un côté, le tout-palliatif de l'autre. L'existence de ces soins et leur développement auraient empêché les médecins de s'approprier la *culture palliative*. Tout fonctionnerait en somme comme si les médecins, identifiant les soins palliatifs avec la toute fin de vie, restaient, dans leur objectif de guérir à tout prix, sourds à la détresse psychique de leurs patients qu'ils abandonneraient en fin de course, et généralement trop tard, à ces services. Les patients, c'est vrai, vivent ces transferts *in extremis* comme des condamnations à mort. Ils en soulignent le caractère souvent brutal. Ils se sentent abandonnés.

Il faudrait que la médecine se réapproprie la globalité du soin et l'accompagnement d'un patient jusqu'en bout de course. Que les médecins retrouvent la mission humaine qui est la leur et ce qui a fait longtemps leur charisme, c'est-à-dire l'écoute et la compassion. Il faudrait qu'ils soient capables d'admettre que la médecine technique n'est pas toute-puissante, qu'elle a ses limites, et que la mort n'est pas leur échec.

Les patients qui se plaignent d'abandon ne demandent pas autre chose.

Je trouve, pour ma part, la critique de Didier Sicard à l'égard du rôle joué par les soins palliatifs dans la déshumanisation de la médecine bien sévère et attristante. Je ne pense pas qu'en l'absence de ces soins la médecine aurait fait l'effort de s'humaniser. Aux Pays-Bas, par exemple, les médecins se sont mis à pratiquer l'euthanasie précisément parce que ce pays n'avait pas développé le palliatif.

J'ai participé en 1987 à l'ouverture de la première USP française, j'y suis restée dix ans et j'ai été témoin d'un accompagnement très humain des malades et de leurs familles. Les soins que nous prodiguions représentaient le modèle même de la globalité du soin et de la médecine humaniste. Depuis une dizaine d'années, j'entends souvent des critiques émanant de personnes qui ont confié un malade en phase terminale à une structure dite « de soins palliatifs ». En faisant mon tour de France des régions, je me suis rendu compte qu'on qualifiait de plus en plus de « soins palliatifs » des soins qui n'en étaient pas vraiment. Des « lits de soins palliatifs » ont été créés dans des services qui ne respectaient pas le cahier des charges. Ils empochaient l'argent, mais cet argent n'allait pas à la formation des soignants ni à leur soutien. Aucun effort n'était fait pour accueillir les familles, et la fin de vie n'était sans doute pas soulagée ni accompagnée avec compétence.

L'expression « soins palliatifs » recouvre sans doute aujourd'hui des pratiques hétérogènes. Ainsi, lorsqu'on me rapporte que les souffrances ne sont pas vraiment soulagées, ou qu'on laisse une personne agoniser des jours sur son lit, avec une famille angoissée et démunie à son chevet, je suis surprise. Comme je le suis, quand je lis la *haine palliative* qui se dégage des écrits du sociologue Philippe Bataille. À le lire, les « *palliativistes* » ne feraient que regarder les bras ballants la mort arriver. « *En culture palliative, tout le monde attend : les patients, les familles, les soignants*[1]. » Y aurait-il eu une déformation de ces soins ? C'est la question que je me pose sérieusement à

1. Philippe Bataille, *Libération*, 14 décembre 2012.

la lecture du compte rendu des propos tenus au cours du débat que Didier Sicard a organisé à Grenoble, le 27 octobre 2012. « *Ma mère déjà très faible était en soins palliatifs. Elle était complètement déshydratée. J'ai passé une semaine à ses côtés. Une semaine d'horreur. Elle poussait des râles terribles. Il y avait une odeur atroce. Je n'imaginais pas que l'on puisse mourir de cette façon-là. Je ne veux pas mourir comme cela.* » Ce témoignage est atterrant ! Cette femme était-elle vraiment en soins palliatifs ?

Ai-je vécu une utopie ?

Dans mon ouvrage *Le Souci de l'autre*[1], je disais ma chance d'avoir côtoyé, dans la première USP française, une équipe vraiment humaine, des hommes et des femmes conscients des véritables enjeux de la médecine. J'évoquais cette communion entre soignants et soignés qui s'épaulaient réciproquement, chacun assumant

1. Marie de Hennezel, *Le Souci de l'autre*, Robert Laffont, 2004.

sa vulnérabilité et ses limites, les soignants ayant accepté de ne pas être tout-puissants, les soignés ayant compris que les médecins ne peuvent pas tout. La solitude était alors brisée. L'unité dans laquelle j'ai travaillé comme psychologue était un service pilote. Un service humain où les malades ne mouraient pas comme des chiens, dans la solitude, le mensonge et l'indifférence. Il y avait cette capacité à se mettre à la place de l'autre, à l'écouter, à l'entendre. La personne était au centre de nos préoccupations.

Nous avons été confrontés, nous aussi, à des situations difficiles. Des personnes que nous ne pouvions pas soulager complètement, des personnes qui, malgré nos soins, demandaient à mourir. Je me souviens de deux cas où l'équipe médicale a décidé de transgresser la loi, après une discussion éthique avec les soignants, parce qu'elle estimait qu'il n'y avait pas d'autre solution humaine pour soulager l'angoisse des patients. Elle a mis à disposition de la personne qui réclamait la mort les moyens de se la donner elle-même. Prendre au sérieux la demande de mourir d'une personne, cela peut aller jusqu'à la confronter à sa liberté et à sa responsabilité. Dans les deux cas, la personne n'a pas utilisé ce moyen, mais s'est apaisée du seul fait d'avoir les moyens de le faire.

L'unité avait ouvert ses portes un an avant. Nous n'avions pas encore beaucoup d'expérience. Cette femme de 40 ans, ancienne infirmière hantée par les agonies longues et douloureuses des mourants qu'elle avait accompagnés dans sa carrière, ne cessait de réclamer qu'on lui pose un cocktail lytique et qu'on l'euthanasie. L'équipe a décidé de soulager son angoisse en lui laissant la liberté de se poser elle-même une perfusion létale. La perfusion a été placée sur son pied, dans un coin de la chambre. Elle n'a pas servi. Apaisée, la patiente s'est affaiblie de jour en jour et plusieurs semaines plus tard est morte de sa propre mort, dans son fauteuil, en somnolant.

La seconde histoire est celle d'une ancienne enseignante, réclamant tous les jours la mort, provoquant les médecins dans leur incapacité à la soulager, mais se montrant détendue et gaie avec les soignants qui lui donnaient son bain. Un jour, le médecin qu'elle accusait de lui confisquer sa liberté lui a indiqué le moyen de précipiter sa fin. Il suffisait qu'elle arrête de prendre un comprimé anti-arythmique. Son cœur ne tarderait pas à fabriquer des caillots et cela pourrait entraîner sa mort. Comme on pouvait s'y attendre, elle a continué à prendre son comprimé et a cessé de réclamer la mort. Dans son cas, sa demande d'être euthanasiée entrait dans le cadre d'un rapport de force avec une médecine supposée avoir pouvoir de vie et de mort sur elle. Dès lors que ce pouvoir lui a été transféré, la revendication de mourir n'avait plus lieu d'être.

Nous étions sans doute trop en avance

En évoquant cette période, je me rends compte à quel point nous nous sentions libres et créatifs dans notre manière d'entendre le patient et de trouver la moins mauvaise solution possible. L'interdit de tuer était intégré et respecté comme une limite intangible, mais cette limite même nous rendait créatifs. Jean-Marc Lapiana, Directeur de la Maison de soins palliatifs de

Gardanne, m'a fait part un jour d'une même liberté intérieure : « *Si nous sommes opposés à une légalisation de l'euthanasie, ce n'est pas pour des raisons morales ou religieuses, mais parce que si nous avions la possibilité légale de tuer nos patients, moi-même et l'équipe avec laquelle je travaille ne nous donnerions pas tout le mal que nous nous donnons pour essayer de trouver des solutions à des situations difficiles.* »

Je me suis demandé pourquoi ce que nous avions vécu là, dans ce petit service de soins palliatifs de l'institut Montsouris, n'a pas été exportable ailleurs. S'agissait-il seulement d'un manque de moyens, d'un défaut de formation des médecins, ou bien d'un problème plus culturel : la peur de tout ce qui touche à la mort ? Pourquoi cette expérience d'une médecine humaine, proche des patients et de leurs besoins, capable d'une réflexion éthique, n'a pu irradier le reste de la médecine. Au lieu de cela, c'est une coupure en deux de la médecine qui s'est opérée, le *cure* d'un côté, le *care* de l'autre.

Plutôt que de rendre les soins palliatifs responsables de ce clivage, il serait plus juste, me semble-t-il, d'incriminer la résistance du monde médical. Le déni de la mort dans lequel il s'est enfermé. Sa fascination pour la technique, la recherche, les protocoles.

Il serait plus juste aussi d'incriminer l'évolution de l'hôpital, qui d'un lieu d'accueil est devenu une entreprise, dont le seul but est d'être rentable et de gagner de l'argent, et les responsables de la santé publique qui n'ont pas pris la mesure du drame de la fin de vie et se sont montrés si frileux face aux changements que l'on réclamait d'eux. Encore une fois, l'inertie de ces responsables à tout mettre en œuvre pour appliquer la loi sur les droits des malades en fin de vie reste un scandale. La diffusion de la culture palliative en était un des ressorts. Elle est restée balbutiante.

Est-il encore temps de diffuser la culture palliative ?

Les participants aux débats proposés par la mission Sicard se sont plaints d'une médecine sans âme. Une médecine trop fragmentée, trop technique, une médecine du corps, dont la personne se sent absente. Changer la culture des médecins et des soignants pour que la médecine retrouve un peu d'âme, est-ce possible ?

Didier Sicard propose bien quelques pistes : introduction des soins palliatifs dans le projet de soin dès le début d'une maladie potentiellement mortelle, refonte des études médicales, filière universitaire sur les soins palliatifs, stage obligatoire dans une unité de soins palliatifs, formation à la douleur[1] et à l'utilisation des sédatifs, enseignement sur l'obstination déraisonnable (acharnement thérapeutique), introduction d'une clinique palliative dans les urgences. J'avais déjà préconisé en 2003 la plupart de ces mesures dans mon rapport « Fin de vie, le devoir d'accompagnement » remis au ministre de la Santé en 2003[2]. Elles n'ont pas été retenues, à une époque où nous n'étions pas plongés dans une grave crise économique. On peut se demander

1. Le rapport Sicard estime à 80 % le pourcentage des médecins qui n'ont reçu aucune formation à la prise en charge de la douleur.

2. Voir la liste de ces mesures en fin d'ouvrage.

si l'appel du rapport Sicard à une volonté politique forte poussera François Hollande, soumis à la nécessité d'économies drastiques, à prendre les mesures qui s'imposent :

« *Tant que la formation des professionnels de santé à la culture palliative restera marginale, il n'y a rigoureusement rien à espérer d'un changement des pratiques en France face aux situations de fin de vie. Si un nouveau regard, heurtant les conformismes et les traditions, n'est pas porté par les pouvoirs publics, il n'y a aucune possibilité que les institutions médicales elles-mêmes proposent de leur propre chef des changements dont elles ne mesurent pas l'importance sociale pour les citoyens*[1]. »

Tout semble indiquer que les Français n'y croient plus. Les sondages les disent en faveur d'une loi sur l'euthanasie. Une solution expéditive, mais qui leur permettrait de reprendre la main. Ce qu'ils préfèrent encore à l'incertitude et l'angoisse qui les saisit lorsqu'ils pensent à leurs derniers instants, souffrant sur un lit de

1. Rapport Sicard, décembre 2012.

douleurs, dans l'indifférence d'un service hospitalier.

Car de quoi se plaignent-ils ? De la surdité des médecins à leur angoisse psychique. Les médecins dont il est question dans ces débats ont si peur de la mort qu'il est impossible de dialoguer avec eux. Angoissés eux-mêmes, enfermés dans un « agir » systématique, ils ne savent pas s'asseoir, écouter et entendre. Il n'y a pas de dialogue entre le médecin et son malade sur les peurs que nourrit ce dernier. Aucun projet concernant la fin de vie.

La demande de mourir, dans un tel contexte de surdité, peut être entendue comme une tentative désespérée de surmonter sa propre angoisse, en devenant sujet de sa mort. Dire à un médecin qui esquive le dialogue : « Je veux mourir, faites quelque chose ! », c'est une tentative de l'obliger à s'asseoir et à parler.

J'ai donc développé la conviction qu'en formant les médecins au dialogue avec leurs patients confrontés à une mort qui approche, on pouvait faire beaucoup pour apaiser le malade et lui redonner confiance. Dans « Fin de vie, le devoir d'accompagnement », je proposais « *une formation spécifique des médecins à l'information et au dialogue avec le patient, afin de répondre à ses peurs, d'anticiper ses difficultés, d'établir avec elle une sorte de contrat de non-abandon*[1] ». La loi Kouchner de mars 2002 faisant obligation au médecin d'aborder avec son patient les décisions concernant sa santé, je demandais à ce que cette obligation aille jusqu'à évoquer les conditions de la mort : « *Tout médecin devrait aborder avec une personne en fin de vie, et suffisamment tôt, la manière dont cette personne désire que sa fin de vie se déroule.* » Il me semblait qu'un tel contrat de non-abandon serait susceptible de diminuer fortement les demandes d'euthanasie. Il fallait donc former les médecins. Je proposais enfin « *une vaste campagne d'information en direction des médecins pour les inciter à s'inscrire à une telle formation* ». Il y a bien eu une tentative d'appropriation de cette mesure par le professeur Roland Bugat, alors chargé de la formation des médecins

1. Marie de Hennezel, « Fin de vie, le devoir d'accompagnement », *La Documentation française*, octobre 2003, p. 129, 130 et 131.

à l'Institut national du cancer (INCA), mais elle a échoué et les choses en sont restées là.

Je vois depuis peu les prémices d'un éveil des consciences. Les baby-boomers – devenus « papy-boomers » – se demandent ce qu'ils peuvent faire pour que la médecine retrouve un peu de son âme. Quel groupe de pression sociétal pourrait se créer pour peser sur les décisions du gouvernement ? Car si la médecine n'évolue pas, ce sont eux qui en paieront les conséquences, quand ils seront vieux.

Non à l'euthanasie

Le professeur Sicard est ferme sur ce point : «*Nous sommes résolument hostiles à l'euthanasie*», un geste trop radical, trop brutal, une pratique dont il se révèle impossible de contrôler les dérives. C'est un point fort de son rapport.

Les Français sont partagés sur la légalisation de l'euthanasie ou du suicide assisté : 58 % (dont les deux tiers ont entre 35 et 65 ans) envisagent de demander à leur médecin de leur prescrire un produit leur permettant de mettre fin eux-mêmes à leur vie, autrement dit un suicide assisté. Une des raisons invoquées est la crainte d'être une charge pour les proches. Mais 49 % disent par ailleurs craindre que la légalisation de l'euthanasie ou du suicide assisté ne conduise à l'utilisation abusive de ce droit[1].

Une partie des Français s'interrogent donc sur le risque d'extension d'une telle mesure. C'est certainement cet argument qui a déterminé la mission Sicard à écarter résolument l'option d'une loi sur l'euthanasie sur le modèle de nos voisins, les Pays-Bas et le Benelux. Benelux, pays où l'on est bien incapable de contrôler l'administration de la mort, et où l'on envisage déjà de l'étendre.

La peur des dérives

Henri Caillavet, que j'avais interviewé chez lui en 1999 alors qu'il était le président de l'Association pour mourir dans la dignité (ADMD) et qu'il luttait pour la légalisation de l'euthanasie, avait reconnu : « *Ce que je redoute, c'est le racisme anti-vieux. Dans quelque temps, les jeunes ne voudront plus payer pour les vieux. Vous aurez une*

1. Sondage TNS-Sofres auprès d'un panel de gens âgés de 35 à 65 ans, réalisé en novembre 2012 à la demande de la commission Sicard.

euthanasie économique[1]*!* » Je l'ai rappelé au début de cet ouvrage, les personnes vieillissantes sont très réticentes à l'euthanasie, car elles en redoutent les dérives. « *La loi donne toujours la tentation de l'utiliser à des fins de détournement* », m'avait répondu Robert Badinter lorsque j'étais venu l'interroger sur sa réticence vis-à-vis d'une loi qui réglementerait l'euthanasie[2].

Cette crainte des dérives est très implantée dans la population. Une étude récente montre que 52 % des personnes interrogées ont peur de l'euthanasie, soit parce qu'elle risque d'être imposée à des personnes non consentantes (57 %), soit parce qu'elle résultera de pressions sur le patient (56 %), soit enfin parce qu'on risque de la pratiquer pour des raisons financières (56 %)[3].

Les associations qui militent en faveur d'une

1. Cité in Marie de Hennezel, *Nous ne nous sommes pas dit au revoir*, Pocket, 2002.
2. Entretien du 25 mars 1999, *ibid.*
3. Enquête réalisée par la Société française d'accompagnement et de soins palliatifs (SFAP) en janvier 2011 auprès d'un panel de mille quinze personnes représentatives de la population française.

légalisation de l'euthanasie dans notre pays nous disent que cela se passe très bien en Belgique et que la loi n'a pas entraîné la vague euthanasique redoutée. Néanmoins les sociétés savantes[1], qui se sont donné la peine d'aller voir de plus près, nous ont alertés récemment sur les dérives dans l'application de la loi belge[2].

La commission de contrôle est bien incapable de vérifier si les déclarations d'euthanasie remplies par les médecins ont respecté tous les critères ; 50 % des gestes euthanasiques semblent ne pas être déclarés, 20 % à 40 % seraient effectués sans garantie suffisante de la demande explicite du patient, 20 % à 40 % seraient effectués par des infirmières. Il n'y a eu aucune poursuite par cette commission en dix ans, ce qui interroge sur la fonction de contrôle de ce dispositif. Enfin, il n'y a pas de garantie que le patient ait été libre

1. La SFAP et la SFAR (Société française d'anesthésie et de réanimation).

2. Voir Laurent Beydon *et al.*, « Fin de vie, euthanasie et suicide assisté : une mise au point de la SFAR », *Annales françaises d'anesthésie et de réanimation*, 31/2012, p. 694-703, et la contribution de la SFAP au débat sociétal sur la fin de vie sur http://www.sfap.org.

de son choix et qu'il n'ait pas subi de pressions. Et pour couronner le tout, la Belgique envisage actuellement d'étendre la loi aux mineurs et aux personnes âgées démentes. « *Les Belges et les Néerlandais ont légalisé l'euthanasie, mais ils rencontrent les mêmes problèmes que nous. Ils continuent à se demander comment aider à sortir de la vie les patients dégradés et inconscients qui n'ont eu ni le temps ni l'envie de faire connaître leur avis*[1]. »

La Société française d'accompagnement et de soins palliatifs fait remarquer qu'en dix ans, la loi dépénalisant l'euthanasie en Belgique a modifié le regard que la société dans son ensemble portait sur la mort et le mourir. Mourir par euthanasie n'est plus une exception mais un droit, et c'est en voie de devenir une norme. Ce n'était pas l'esprit de la loi quand elle a été votée : le législateur belge voulait maintenir l'euthanasie dans le registre de la transgression (d'ailleurs l'interdit de tuer est toujours maintenu dans la loi).

1. Pierre Le Coz, professeur de philosophie à la faculté de Marseille, *Libération*, 14 décembre 2012.

Cette remarque vient renforcer la crainte de la banalisation de l'euthanasie qu'expriment à la fois les médecins et les personnes âgées.

Les médecins car ils se demandent comment leur métier va évoluer si l'acte de donner la mort fait désormais partie de leur mission de soin. Les personnes âgées parce qu'elles se demandent si elles auront le droit de « prendre le temps de mourir ».

Parmi les dérives évoquées, il y a celle qui consisterait à ne plus laisser à quelqu'un le temps de mourir. Quand la norme sera devenue de « mourir vite et bien », les médecins, les soignants, les familles supporteront-ils de voir quelqu'un s'enfoncer lentement dans la mort ? Ne sera-t-on pas tenté d'écourter le temps du mourir, même si les choses se passent paisiblement, pour récupérer un lit d'hôpital, ou tout simplement par commodité ?

Le temps du mourir ne sera sans doute plus respecté. Et nous perdrons alors tout ce qu'il permet, ces échanges irremplaçables, ces mots, ces gestes, ces dernières paroles qui font tout le rituel de la fin de vie. Ou bien il faudra inventer un rituel différent, autour d'un moment programmé de la mort, comme dans le film québécois de Denys Arcand *Les Invasions barbares.*

Ceux qui ne veulent pas mourir

Je suis particulièrement attentive au pourcentage élevé (83 %[1]) de personnes de plus de 75 ans qui refusent de rédiger des directives anticipées, et ne veulent pas qu'on leur parle d'euthanasie ou de suicide assisté. Elles veulent vivre et vivre le mieux possible. La perspective que les pouvoirs publics puissent décider un jour une limitation des soins ou des opérations chirurgicales au-delà d'un certain âge, comme c'est le cas en Grande-Bretagne, leur fait très peur.

J'ai lu avec beaucoup d'intérêt un article d'Atul Gawande intitulé « *Letting go* » (« Laisser partir »)[2]. Ce chirurgien de Boston observe que les patients qui sont en soins palliatifs vivent

1. Selon l'enquête menée en 2009 par Véronique Fournier, directrice du centre d'éthique de l'hôpital Cochin, auprès de cent quatre-vingt-six personnes de plus de 75 ans.

2. Atul Gawande, *New Yorker*, 2 août 2010.

plus longtemps que les autres. Il semble que précisément parce qu'ils ne reçoivent plus de traitements agressifs, ce qui améliore leur qualité de vie, leur désir de vivre revient… Il affirme aussi qu'il est de plus en plus difficile pour les médecins de « laisser partir » leurs patients car ceux-ci ne veulent pas mourir. Loin de redouter la poursuite des soins, ils la réclament au contraire et craignent que la médecine ne s'arrête trop tôt.

La loi que nous prépare le ministère de la Santé prévoira sans doute des critères stricts pour que la volonté libre et réitérée des personnes demandant une aide médicalisée pour mourir soit respectée. Mais comment cette volonté et cette liberté seront-elles garanties ? La réalité du libre arbitre, quand on souffre, qu'on se sent exclu de la société, est difficile à évaluer. On peut comprendre que dans ces situations quelqu'un supplie de mourir. Mais peut-on considérer qu'une telle supplique, témoignant d'une détresse profonde, est le signe d'une liberté ? Comment saura-t-on que la personne ne subit pas de pressions de la part de son entourage, notamment pour des raisons économiques ?

Nos âgés reviennent constamment sur cette hantise d'être un fardeau.

Je suis sensible à l'analyse que fait le philosophe Fabrice Hadjaj[1]. Pointant la souffrance du vieillard ou du mourant que l'on parque et qui se sent exclu, « *alors que dans les sociétés traditionnelles, il était placé au centre de la vie du village, perçu comme un éclaireur* », Hadjaj nous met en garde contre la facilité : « *Il est plus facile, et économiquement plus intéressant, de légaliser l'injection létale que d'accorder à l'autre du temps, de l'attention, de l'entourer.* » Dans un siècle, pense-t-il, « *on regardera peut-être en arrière en se disant qu'on était aussi aveuglé que dans un système totalitaire*[2] ».

Le refus des médecins de donner la mort

Tous les sondages le montrent, les médecins sont beaucoup plus réservés que leurs conci-

---

1. Fabrice Hadjaj, *Réussir sa mort. Antiméthode pour vivre*, Point Seuil, 2010.

2. Propos recueillis par Martine Lamoureux, *La Croix*, 28 juin 2011.

toyens sur un « droit de mourir dans la dignité ». On peut le comprendre, affirme Pierre Le Coz : « *Injecter un poison dans les veines d'un humain n'est rien moins qu'anodin. Imaginez une personne qui vous regarde dans les yeux et vous demande de lui donner la mort : ne ressentiriez-vous pas malaise et inconfort ? Nous serions bouleversés d'assister à son décès. Une fois accompli notre geste, nous verrions son corps pâlir en se raidissant. Ses yeux deviendraient soudain immobiles, son regard inexpressif*[1]. »

Si la société autorise l'euthanasie, qui en sera le bras armé ? « *Pourquoi, puisque c'est un désir sociétal, ne pas demander aux membres de cette société d'y participer ? Pourquoi ne pas demander à chacun d'entre nous au nom de qui ce droit serait donné de participer à cet acte d'euthanasie ? Un citoyen tiré au sort, par exemple ?* » demande un médecin[2]. Cette proposition saugrenue traduit bien le refus des médecins d'être désignés comme ceux qui devront immanquablement

1. Pierre Le Coz, *Libération*, 14 décembre 2012.
2. Vianney Mourman, *Le Monde*, 14 décembre 2012.

devenir des « *exécuteurs de basses œuvres* », comme le disait Vincent Meininger, parce qu'ils savent mieux que les autres comment s'y prendre pour que cet acte reste le plus humain possible.

Ce spécialiste de la sclérose latérale amyiotrophique (SLA) m'avait dit, il y a quelques années, qu'il en avait assez de ce débat « *stupidement émotionnel* » perverti par les prises de position de gens qui ne savaient pas de quoi ils parlaient, et qui pour la plupart n'avaient jamais pratiqué une euthanasie active : « *Ça les rendrait plus modestes !* avait-il ajouté. *Une euthanasie, c'est quelque chose de psychologiquement extrêmement violent, qui remet en cause de manière très forte notre désir de mort, de pureté, d'évacuer des tas de choses*[1]. » Meininger est bien conscient que la loi actuelle, maintenant la barrière de l'interdit de tuer, protège les médecins de leurs pulsions mortifères. « *Donner la mort, ce n'est pas un geste facile ! Ce n'est pas une simple piqûre !* » confie un médecin belge[2] qui pratique régulièrement l'euthanasie, et

1. Cité dans Marie de Hennezel, *Nous ne nous sommes pas dit au revoir*, p. 170.
2. *Le Monde*, 14 décembre 2012.

qui avoue être soulagé lorsque le patient meurt avant le jour prévu.

Ce caractère brutal et radical de la mort donnée délibérément est dénoncé par la mission Sicard. C'est sans doute pour cela que l'ensemble du corps médical français refuse de se voir confier une mission contraire à la vocation de métier : soigner, guérir, sauvegarder la vie.

« Ce n'est pas notre boulot »

Beaucoup de médecins tiennent à la différence d'ordre éthique entre soulager au risque d'abréger la vie et arrêter activement la vie. On dit que cette différence est illusoire, voire hypocrite, puisque le résultat est le même. Effectivement, il l'est, mais pas le vécu du médecin : dans un cas, il a le sentiment de ne pas trahir sa vocation qui est de soulager, dans l'autre cas, il a l'impression d'exécuter son patient. Je ne vois pas au nom de quoi on négligerait cette subjectivité des soignants.

En tant que psychologue, j'ai reçu depuis vingt ans bien des confidences de médecins et d'infirmières ayant euthanasié un patient. Je peux attester de la violence que représente cet acte radical : les gens font des cauchemars pendant longtemps et certains, hantés par le dernier regard de celui ou celle à qui ils ont donné la mort, traînent des dépressions qui n'en finissent pas. Il faut prendre conscience du poids que cela peut représenter pour eux.

Il y a quelques années, Bernard Lapointe, président de l'Association québécoise des soins palliatifs, m'avait fait comprendre que l'interdit de tuer inscrit dans notre code pénal et dans le serment d'Hippocrate n'est pas seulement un interdit religieux (les dix commandements de la Bible) mais un interdit ontologique enraciné dans le mythe fondateur de la médecine, le mythe d'Asclépios, dieu de la médecine chez les Grecs. Asclépios, fils d'Apollon, est confié par son père au centaure Chiron, qui lui apprend l'art de guérir et de soulager les douleurs. Il devient d'une telle habileté qu'il réussit même à rendre la vie aux morts. Inquiet de ce pouvoir qui menace l'ordre du monde et met sa toute-puissance en péril, Zeus décide de foudroyer

Asclépios. Il y a donc à l'origine de la médecine une image archétypique de médecin tout-puissant, ayant pouvoir de vie et de mort, et ce pouvoir menace l'ordre du monde ; le médecin risque sa peau s'il l'exerce, comme le montre le mythe. C'est la raison pour laquelle Hippocrate, le plus célèbre des descendants d'Asclépios, pose dans ses écrits les limites du pouvoir médical et exhorte les médecins à s'engager à ne pas porter atteinte à la vie de leurs patients : « *Je ne donnerai pas de drogue homicide à quiconque m'en prierait.* »

Avec les progrès de la médecine, les médecins ont retrouvé l'habileté d'Asclépios, ils peuvent faire reculer la mort, mais ils peuvent aussi la donner. Et Bernard Lapointe de conclure que l'interdit de tuer les protège de la tentation de la toute-puissance et des pulsions mortifères qu'ils pourraient avoir, comme tout être humain d'ailleurs : « *Nous médecins, nous savons que ce pouvoir que nous avons est dangereux. Que se passera-t-il le jour où la loi nous autorisera à tuer ? Nous perdrons la confiance de nos patients, qui est la base de notre travail. Sans cette confiance, notre profession sera détruite, foudroyée comme dans le mythe.»*

Violence du rapport de force

On analyse rarement la violence avec laquelle la demande de mourir est revendiquée et reçue. C'est Françoise Dolto[1] qui nous avait alertés sur la «*dimension d'agressivité visant l'autre qui déçoit*». Tous les psychanalystes sont d'accord sur le fait que la demande d'en finir adressée à autrui, au médecin, au président de la République, à la société, est une demande de communication, une façon de provoquer l'autre, de l'atteindre, de l'obliger à s'impliquer dans son histoire, une façon d'exister fortement à ses yeux. En lui demandant la mort, le malade cherche inconsciemment un rapport d'égalité avec le médecin. Il met celui-ci en face de son impuissance et de son échec. Il cherche un face-à-face dans lequel il existe, et il ne peut le faire qu'en

1. *En face de la mort*, communication de Françoise Dolto, Privat, 1983.

demandant la mort. Cet aspect n'est jamais questionné. Peut-être parce que les médecins, la société se sentent coupables devant ces souffrances. Ils se laissent alors instrumentaliser, n'osent plus se positionner devant cet appel abusif à leur compassion.

La façon de sortir de ce rapport de force inversé est de s'asseoir humblement à côté du patient, et de l'écouter, d'admettre ses propres limites et sa difficulté à aborder un tel sujet avec lui. Je me souviens d'une scène dont j'ai été témoin, lorsque je travaillais en soins palliatifs. Tous les jours une femme, arrivée au stade terminal de sa maladie, très en colère contre sa gynécologue qui n'avait pas dépisté son cancer, accablait le médecin du service de ses reproches et finissait par demander la mort. Un jour, alors que la violence de cette femme à son endroit était plus forte encore, il se surprit à se prendre la tête dans les mains, en un geste de lassitude extrême, et laissa échapper : « *Mon Dieu ! Comme cela doit être affreux d'être à votre place ! Je ne sais vraiment plus quoi faire avec vous !* » À sa grande surprise, elle cessa immédiatement de se plaindre, et il vit qu'elle était ébranlée. À partir de ce jour, la femme cessa de réclamer la mort.

Je ne connais pas de patient qui n'ait été reconnaissant à un médecin de descendre de sa position de savoir et de pouvoir, et d'être l'espace d'un moment un peu plus humble, un humain se sachant mortel comme les autres. Si les médecins osaient se montrer affectés, touchés, au lieu de se défendre, de se justifier ou de prendre de haut la demande des malades, il y a fort à parier qu'il y aurait moins de demandes d'euthanasie. Pourquoi les professionnels de santé ne savent-ils pas dire au malade combien sa demande de mort les bouleverse et leur fait violence ?

Chaque fois que j'entends un militant de l'ADMD s'offusquer qu'un médecin « confisque » au mourant la liberté de choisir le moment de sa mort, j'ai envie de lui demander s'il pense sincèrement que le mourant a tous les droits, et notamment celui de faire violence au médecin en l'obligeant à le tuer ou en lui reprochant de ne pas le faire. Le fait d'être un grand vieillard ou un malade en fin de vie ne donne pas le droit de culpabiliser à outrance ou d'exiger d'un autre un acte grave dont il portera longtemps la trace.

Peut-être est-ce parce que la société respecte si mal les droits naturels des personnes en fin de vie – être informées, soulagées, écoutées, apaisées, traitées comme des personnes à part entière – qu'elle leur laisse en échange ce droit exorbitant de le lui faire payer, en l'instrumentalisant. Nous nous sentons tous tellement coupables collectivement de si mal accompagner nos mourants que nous sommes comme fascinés par le pouvoir qu'ils prennent tout à coup sur nous, en nous réclamant un droit à la mort.

Aller plus loin pour aider à mourir

Si les médecins refusent de pratiquer une euthanasie, si les gens craignent les dérives, comment alors apporter aux Français cette « assistance médicalisée » qu'ils réclament pour pouvoir mourir dignement ?

Écrire ses volontés par avance

Déjà introduites dans la loi Leonetti, les directives anticipées et la désignation d'une personne de confiance sont des mesures fortes que nous ne nous sommes pas appropriées. Selon Didier Sicard, seulement 2,5 % des Français ont rédigé des directives pour préciser les conditions souhaitées pour leur fin de vie (refus de l'acharnement thérapeutique, désir de rester chez soi et de ne pas mourir à l'hôpital, etc.). Peu savent qu'ils peuvent le faire et surtout beaucoup y rechignent. C'est une démarche qui oblige à se mettre face à la question de sa propre mort, ce que beaucoup ne veulent pas faire. Et puis il y a une sorte de méfiance. On se demande l'usage qui sera fait de ce bout de papier. Comment l'interprétera-t-on ? Et si, au moment où on le découvre, on avait changé d'avis ? Cette disposition est loin de rassurer les gens.

Dans l'enquête qu'elle a faite auprès de deux cents personnes de plus de 75 ans, Véronique Fournier note que cette tranche d'âge ne veut pas rédiger de directives[1]. Comme si plus on s'approchait de la mort, moins on avait envie d'en maîtriser les conditions. Ce constat donne à réfléchir. Il confirme ce que nous sommes nombreux à dire : ce sont les bien-portants, encore loin de la réalité de leur mort, qui militent pour la maîtrise de leur fin de vie.

1. 83 % des personnes ne veulent pas rédiger de directives soit parce que c'est trop tôt, trop compliqué (42 %), soit parce qu'elles sont perçues comme inutiles, voire dangereuses (36 %) ; 22 % refusent d'anticiper ou de parler de ce sujet.

Le rapport Sicard préconise une campagne de communication sur ce sujet et la mise en place d'un document spécifique. Il propose surtout un deuxième document, qui serait rédigé à l'hôpital par le patient et cosigné par son médecin à la suite d'un accident vasculaire cérébral, de l'annonce d'un cancer ou avant une lourde opération chirurgicale, tout cela pour anticiper les souhaits du patient en cas de complications.

La question reste de savoir si ce document doit être contraignant pour les médecins. S'il s'agit de s'abstenir de réanimer, cela ne devrait pas poser trop de cas de conscience, mais si le document exige qu'en cas de démence, la personne soit euthanasiée ? On entre alors dans une zone rouge, où le médecin pourrait s'opposer à obéir aux directives anticipées...

Réprimer l'acharnement thérapeutique ?

L'acharnement thérapeutique est en grande partie responsable de l'image désastreuse que les Français se font de la fin de vie. Didier Sicard, dans son rapport, s'en prend vigoureusement à cette obstination à imposer des examens et des traitements devenus inutiles et donc injustifiés. Pourquoi notre médecine oppose-t-elle une telle réticence à en respecter l'interdit[1] ? Il y a probablement un ensemble de raisons, psychologiques avec le sentiment de continuer à « faire » quelque chose, judiciaires avec la crainte d'être poursuivi en justice pour n'avoir pas tout tenté, et enfin financières car ces soins, aussi inutiles, déraisonnables, disproportionnés soient-ils, rapportent beaucoup d'argent à l'hôpital.

Certains voudraient un dispositif beaucoup plus répressif de l'acharnement thérapeutique, mais d'autres craignent que cela n'entraîne au contraire un abandon trop précoce des soins. Les personnes de plus de 70 ans surtout redoutent une telle évolution. Sans doute – et c'est ce que préconise Didier Sicard – introduire les soins palliatifs dès l'annonce de la maladie grave, au lieu d'attendre le dernier moment, permettrait-il

1. L'acharnement thérapeutique est illégal depuis la loi du 22 avril 2005.

une approche globale de la maladie et limiterait sûrement les actes médicaux infondés.

Dormir pour toujours

La « bonne mort » est aujourd'hui, pour la plupart des gens, la mort dans son sommeil. La mort discrète et douce. « Il ne s'est pas vu mourir ! » dit-on, comme une consolation. Permettre à quelqu'un qui le demande de s'endormir pour toujours est sans doute la proposition la plus forte du rapport Sicard : « *Lorsque la personne en situation de fin de vie, ou en fonction de ses directives anticipées, demande expressément à interrompre tout traitement susceptible de prolonger sa vie, voire toute alimentation ou hydratation, il serait cruel de la "laisser mourir" ou de la "laisser vivre", sans lui apporter la possibilité d'un geste accompli par un médecin, accélérant la survenue de la mort.* »

Or, même si la sédation est déjà une pratique utilisée dans les soins palliatifs, et permise par la loi Leonetti, il faut bien admettre qu'elle s'est acquis une mauvaise réputation.

En effet, craignant sans doute de pratiquer une euthanasie déguisée, certains médecins se contentent de sédations « titrées », c'est-à-dire légères. Cela peut avoir son intérêt, pour soulager l'angoisse d'un patient qui ne veut pas mourir. Cette cure de sommeil peut lui permettre de s'apaiser, et à l'entourage de se préparer à sa mort. Il n'est pas rare alors qu'au réveil la personne se sente plus calme et la fin arrive sans qu'il soit nécessaire d'intervenir. C'est une pratique intelligente de la sédation. Mais elle implique une pédagogie de la part des médecins, et un accompagnement des familles. Par contre, quand l'angoisse du patient est articulée à sa demande de mourir, cette sédation légère qui induit des réveils périodiques n'a pas beaucoup de sens. On la qualifie de « cruelle », ce que je peux comprendre.

Dans le cas de douleurs extrêmes, d'arrêt d'une ventilation assistée ou d'un traitement maintenant la personne artificiellement en vie, les médecins induisent une sédation profonde. On ne réveillera pas le patient. Parfois, il meurt assez vite, d'autres fois, cela prend beaucoup de temps. Je peux admettre que, dans ce cas, les proches trouvent insupportable ce sommeil agonique qui n'en finit pas.

Les politiques en faveur d'une légalisation de l'euthanasie ont beaucoup critiqué la loi Leonetti à cause de la peur des médecins de pratiquer des sédations profondes et courtes. Pourtant, Jean Leonetti lui-même estimait que sa loi permettait de le faire : « *Pour ma part, je pense que (la sédation profonde terminale) peut être aussi exigée par un malade lucide en phase terminale et fixée à un moment qui lui permette de dire adieu à ses proches et à sa famille avant ce grand sommeil. S'endormir en attendant la mort peut aussi être précédé du temps de l'adieu*[1]. »

La proposition de Didier Sicard, que j'approuve, tente de répondre à ces situations extrêmes, sans pour autant précipiter d'un geste la personne dans la mort. C'est ce geste radical – l'injection – que les médecins refusent de faire. Un geste « *glaçant d'effroi* [...] *aux antipodes de la*

1. Jean Leonetti, *À la lumière du crépuscule*, Michalon, 2008.

culture française», précise le rapport. Il semble qu'endormir le patient pour toujours soit moins traumatisant pour eux que d'injecter du poison et de voir les yeux du patient se révulser et la mort arriver brutalement.

Je crois qu'il faut avoir l'honnêteté de reconnaître qu'il s'agit bien d'un geste euthanasique, de nature différente, mais au résultat identique. Il provoque la mort à très court terme. Il s'agit bien de faire mourir le patient et non pas de le laisser mourir. Un acte létal volontaire, ayant pour objectif d'écourter l'agonie, et donc la vie. Véronique Fournier appellerait sans doute cela l'« euthanasie palliative[1] ».

L'adoption de cette mesure, selon Jean Leonetti et d'autres experts, ne nécessiterait pas de modifier le code pénal. Il suffirait d'une simple « *retouche du code de déontologie* » pour l'encadrer.

Lorsque j'ai rédigé mon rapport pour Jean-François Mattei en 2003, j'ai développé l'idée que l'euthanasie pouvait être exceptionnellement légitime, quand une équipe estimait qu'elle était

1. Véronique Fournier, *Le Monde*, 14 décembre 2012.

au bout de ses ressources, et que la manière la plus humaine de soulager le patient, la moins mauvaise solution, était de l'aider activement à mourir. Il fallait trouver une solution pour que cela soit possible, sans pour autant remettre en cause l'interdit légal de tuer qui est dans le code pénal. La mission Sicard l'a trouvée.

Il reste maintenant au Comité national consultatif d'éthique à préciser les conditions dans lesquelles cette sédation terminale pourrait se pratiquer, pour qu'elle ne devienne pas non plus la solution de facilité que certains redoutent.

Le danger est que, partout où la culture palliative n'a pas pénétré, on soit tenté d'endormir le patient parce qu'on ne supporte pas son regard angoissé ou ses questions, que l'on soit tenté de le faire taire pour toujours, alors que sa demande, sa vraie demande, est que l'on s'assoie à son chevet pour lui permettre de parler, d'exprimer ses peurs, ses besoins. Je crains que, faute de temps, de capacité à accueillir l'angoisse d'autrui, les soignants interprètent un peu vite les signes d'angoisse du patient comme une demande d'en finir. D'ailleurs, il est fort probable que des patients, ayant compris que personne n'aurait le courage de venir parler avec eux de ce qui les angoisse, sentant qu'on a déjà tissé autour d'eux un linceul de silence et de non-vie, demandent eux-mêmes à dormir.

Une psychologue stagiaire dans l'unité de soins palliatifs où je travaillais avait écrit un jour, à propos de ces malades en fin de vie que l'on endormait un peu trop vite : « *On pense aux cadavres enterrés avec une pierre sur la tête et une pierre sur la bouche, pour que surtout ils ne disent rien, et l'on se dit qu'il est curieux qu'avant même que le malade ne soit mort, dans cette partie de vie qui lui reste, on le traite déjà comme un qui ne vit plus.* »

Avancée humaniste ou solution de facilité ?

Je le répète, je pense que la proposition du rapport Sicard d'autoriser plus explicitement la sédation terminale est une avancée. À condition toutefois que la parole du patient soit vraiment *entendue* et non pas interprétée. Se donnera-t-on la peine de décoder les demandes quand il sera devenu si facile d'y répondre sans chercher plus loin ?

La demande de mourir fluctue en effet constamment. Tous les psychologues nous le confirment : chez ces personnes, le désir de vivre ou de mourir alterne en permanence, notamment en fonction de la qualité des soins, de la disponibilité des familles, du regard des autres. Fluctuante, la demande de mourir masque, dans la grande majorité des cas, une autre demande. Selon l'étude du professeur Chochinov aux États-Unis, 80 % des personnes qui réclament la mort ont des douleurs mal soulagées et 60 % sont gravement déprimées[1]. La perte d'estime de soi, le sentiment d'être une charge pour son entourage, la honte d'avoir à offrir aux autres une image de soi dégradée engendrent le sentiment que la vie ne vaut plus la peine d'être vécue. Ce sentiment peut être renforcé par l'entourage qui, confronté à sa lassitude et à sa

---

1. Harvey M. Chochinov (dir.), *Handbook of Psychiatry in Palliative Medicine*, Oxford University Press, 2012.

propre angoisse, ne sait pas toujours faire face. Les malades perçoivent tout, ils sentent les regards gênés, le malaise, le dégoût qu'ils suscitent. Ils ont vite fait de comprendre le sens des visites qui s'espacent. La pudeur, la discrétion, une certaine humiliation, on trouve un peu de tout cela dans la souffrance de celui qui préfère partir vite, pour ne pas déranger les autres.

Dans ces conditions, accéder à son désir de mourir reviendrait à la confirmer dans sa « non-valeur ». Ce serait le faire mourir deux fois, rappelait il y a longtemps Emmanuel Goldenberg, lors d'un congrès inauguré par François Mitterrand : « *Symboliquement, en le laissant croire à sa déchéance, et à l'inutilité de sa vie, réellement parce que cela conduit souvent à hâter la survenue de la mort naturelle... On tue ainsi le sentiment d'identité, puis la personne elle-même*[1]. »

La demande de mort est souvent une sorte de sésame, de mot de passe pour sortir de la solitude, pouvoir enfin parler de cette mort que tout

1. Emmanuel Goldenberg, psychanalyste, « Mort, angoisse et communication », 1er congrès de l'Association européenne de soins palliatifs, octobre 1990, Paris.

le monde semble fuir et redouter, rompre la digue du silence. Il n'est pas rare qu'une telle demande force les uns et les autres à sortir de leur retranchement et de leur déni. Manifester sa volonté de mourir, c'est parfois une manière de se mettre au centre de la scène de mort, de devenir actif et sujet. Celui qui va mourir peut alors organiser le temps qui lui reste, prendre congé des siens, dicter ses dernières volontés, organiser ses funérailles, tous ces actes constituant un véritable rituel de fin de vie. Les proches se préparent à l'inévitable séparation, c'est le moment des dernières paroles, des derniers gestes, ceux qu'on n'avait peut-être jamais osé avoir. On constate alors que, le rituel accompli, la personne peut se laisser glisser vers la mort sans qu'aucun geste délibéré ait été nécessaire.

Ainsi la volonté de mourir doit-elle être prise au sérieux. Il ne s'agit pas d'y répondre par un acte de mort, mais de l'entendre pour ce qu'elle signifie, c'est-à-dire l'entrée dans ce que Michel de M'Uzan appelle le « *travail du trépas*[1] », une

1. Michel de M'Uzan, *De l'art à la mort*, Gallimard, 1983.

« *ultime tentative de se mettre au monde avant de disparaître* », ultime tentative d'accomplissement, d'être sujet de sa mort.

En écoutant le patient et son entourage, en repérant les raisons sous-jacentes à sa demande, en dialoguant avec des propositions adaptées, la quasi-totalité des demandes d'en finir disparaît.

La fin d'une société solidaire ?

J'ai été extrêmement surprise d'entendre Didier Sicard, interviewé à la télévision après avoir remis son rapport à l 'Élysée[1], déclarer qu'il ne serait pas contre le fait de mettre une pilule euthanasiante sur la table de nuit d'un malade atteint d'une maladie grave et évolutive, réclamant la mort, si le Parlement en décidait ainsi. « Il faudrait alors que l'État encadre cette assistance au suicide », a-t-il rajouté. Comme message de solidarité envoyé aux plus vulnérables d'entre nous, on était en droit d'attendre mieux. « *Quelle horreur!* s'est écrié devant moi un directeur d'EHPAD rencontré le lendemain de cette déclaration. *Tu m'imagines déposant un produit*

1. Le 18 décembre 2012.

létal sur la table de nuit d'un résident qui aurait réclamé d'en finir ! J'entends si souvent des plaintes qui expriment la lassitude de vivre, et puis un rayon de soleil arrive dans la chambre, une visite, le chat de l'établissement qui saute sur les genoux du résident, et plus question de mourir ! Et puis imagine-t-on la terrible solitude de la personne qui se donnerait ainsi la mort, convaincue qu'elle n'a plus sa place dans le monde, et que le mieux, puisqu'elle se sent inutile, est qu'elle se supprime ? »

Des milliers de personnes réagissent comme cet homme et s'étonnent que le président de la République envisage de proposer une solution pareille, sans l'ombre d'un débat, d'une réflexion collective associant les spécialistes en bioéthique ou les acteurs de la fin de vie. Mesure-t-il la violence d'un tel message ?

La crainte de devenir un poids

C'est un des reproches que je fais à la mission Sicard : avoir fait si peu de place à une réflexion sur le grand âge. Les débats ont rassemblé des bien-portants, soucieux de préserver avant tout leur autonomie, mais, comme je le rappelais en introduction, on n'entend pas la parole de ceux qui ont perdu leur autonomie, ou qui sont en voie de la perdre, et dont la dignité de la vie est autrement plus menacée que celle de leur mort.

Quand j'écoute les personnes très âgées me parler de leur crainte de devenir un poids pour leurs enfants, et pour la société en général, je sens chez elles une immense tristesse et le sentiment résigné qu'il faudrait peut-être avoir la sagesse de s'effacer, de disparaître. Pas facile d'être vieux dans le monde d'aujourd'hui! Impression de déranger, d'être de trop. Élie Wiesel dans son discours de 1998 au congrès de l'Unesco avait si bien exprimé cette misère : « *Victimes d'un système permanent d'humiliation, ils ne peuvent que se sentir honteux de ne plus être jeunes et en fait honteux d'être encore en vie.* » Cette dépréciation de la vieillesse est si forte que certaines personnes âgées estiment qu'elles ne valent plus rien. Sachant, de plus, qu'elles coûtent cher à leurs enfants, quand le reste à charge de leurs frais d'hébergement et de soins repose sur eux, il n'est pas rare qu'elles évoquent le suicide comme une solution. « *Tu me mettras un oreiller sur la tête* », entend-on parfois !

Jusqu'à aujourd'hui nos sociétés solidaires considéraient que c'était le devoir des jeunes générations, des « actifs », de porter le poids de ce « fardeau de la dépendance ». Mais demain, quand nos valeurs se seront peut-être effritées, si le jeunisme l'emporte, si l'individualisme triomphe ? Ne soyons pas naïfs : ne fera-t-on pas pression sur les vieux pour qu'ils aient l'élégance de s'en aller ? On leur présentera la « mort dans la dignité » comme un geste citoyen généreux. Peut-être se trouvera-t-il des gens pour les culpabiliser s'ils persistent à vouloir vivre. Des gens pour leur extorquer une demande d'« aide active à mourir ». Sans tomber dans la paranoïa, nous ne pouvons pas écarter cette évolution possible.

La solidarité inversée

Cette peur de devenir un jour un poids financier pour les siens est partagée par la plupart des gens de ma génération, la génération des papy-boomers (les 60-75 ans). J'entends souvent dire :

« Je ne veux pas peser sur mes enfants ! » Cette phrase trouve un écho parmi les 35-45 ans. C'est ce que révèlent l'enquête qu'a faite mon fils Édouard de Hennezel auprès d'un échantillon d'hommes et de femmes de son âge, et le dialogue que nous avons publié sous le titre *Qu'allons-nous faire de vous ?*[1]. Inquiets sur les moyens financiers et humains qu'ils auront pour soutenir leurs parents, dans vingt ou trente ans, les 35-45 ans ont exprimé parfois dans des termes très durs, parfois à mots couverts, leur réticence à être solidaires d'une génération « *bénie des dieux* », qui a tout eu : les trente glorieuses, la croissance, un boulevard pour trouver du travail et devenir propriétaire. Ils estiment qu'ils portent déjà un fardeau immense du fait des inconséquences de leurs parents. Ils les rendent responsables de la crise, de l'endettement, de la pollution de la planète. Certains osent même avancer que ce serait « *un comble de devoir supporter les frais de dépendance de cette*

1. Marie de Hennezel et Édouard de Hennezel, *Qu'allons-nous faire de vous ?*, Carnets Nord, 2011 ; Le Livre de Poche, 2013.

génération». D'autres voix, heureusement, affirment leur intention d'être solidaires de parents qui les ont aidés et les aident encore, mais cette intention généreuse n'esquive pas le doute sur les moyens qu'ils auront pour le faire.

Aussi sont-ils presque unanimes à inciter leurs aînés à sortir du déni de vieillir dans lequel ils sont et à oser aborder avec eux les problèmes que soulève un avenir qui peut être angoissant. Ils demandent que leurs parents prennent leurs responsabilités : tout faire pour « bien vieillir » et prévenir la « mauvaise vieillesse », anticiper les situations difficiles, choisir eux-mêmes leur maison de retraite.

L'inquiétude de nos enfants rejoint la nôtre : surtout ne pas peser. C'est une peur que nous prenons au sérieux, car nous savons très bien que dans les six derniers mois de notre vie nous coûterons sans doute aussi cher à la Sécurité sociale que pendant le reste de notre existence. Âgés, nous serons consommateurs de soins, peut-être atteints de maux multiples, souvent chroniques, et si nous devenons dépendants, l'assistance à domicile ou le placement en institution représenteront un coût énorme. Le poids de la maladie d'Alzheimer, par exemple, repose en grande partie sur les familles, dont certaines sont obligées de vendre ce qu'elles ont. Tout cela nous le savons. Nous sommes d'autant plus pessimistes que dans vingt ans l'inversion de la pyramide des âges[1] mettra en danger les équilibres budgétaires, les retraites, l'emploi et le confort des jeunes générations.

Cela nous engage à tout mettre en œuvre pour rester autonomes le plus longtemps possible et à anticiper les situations où nous perdrions cette autonomie. Nous réfléchissons par exemple à des formes d'habitats groupés ou des «béguinages»[2], où s'exerce une solidarité intergénérationnelle, afin de combattre le sentiment de solitude et d'inutilité que nous percevons trop souvent dans la génération de nos parents (les 85-100 ans). Mais notre réflexion est lucide. Nos enfants n'auront peut-

1. On évoque le ratio d'1,5 actif pour 1 personne retraitée.

2. Petite communauté de veuves, vivant dans des petites maisons groupées autour d'une église, au Moyen Âge, en Belgique. Cette formule est reprise aujourd'hui pour désigner des petits habitats groupés de gens qui choisissent de vieillir ensemble autour d'un projet spirituel.

être pas les moyens financiers et humains de nous soutenir. Que feront-ils en cas d'éloignement géographique ou si la solidarité nationale est réduite à une peau de chagrin ? Y aura-t-il une limite d'âge, comme cela se fait déjà en Grande-Bretagne, pour être soigné ou opéré ? Bref, le contexte économique nous poussera-t-il à nous sacrifier pour les plus jeunes, comme dans le film *La Ballade de Narayama*[1] ou comme chez les Inuits au Canada, qui s'en vont mourir sur la montagne ou sur la banquise, quand le nombre de bouches à nourrir devient trop lourd pour la communauté ?

Ma génération a quasiment intégré la représentation d'une solidarité inversée. Elle n'attend pas que les jeunes la prennent en charge. Elle sait déjà que ce sera à elle d'être solidaire, en s'assumant dans la mesure de ses moyens, et en sachant partir le jour où le fait de se sentir inutile et de représenter un poids pour la société deviendra une souffrance insupportable.

---

1. Au Moyen Âge, dans certaines régions du Japon, la coutume voulait que les vieux aillent mourir dans la montagne, pour éviter aux jeunes d'avoir à nourrir des bouches superflues.

Le découragement des seniors

Une lucidité pessimiste, c'est ainsi que je qualifie la teneur des propos que j'entends. Bien qu'ils représentent un poids politique non négligeable (40 % du corps électoral), les papy-boomers ne se mobilisent pas vraiment. Ils ne sont pas descendus dans la rue lorsqu'on a commencé à rogner leurs retraites. Ils devraient être les premiers à se battre pour que les lieux de fin de vie, les EHPAD, les maisons de retraite soient des lieux humains, où l'on ait envie de vivre ses dernières années. Le fait de se sentir déjà un peu en marge de la société, de rencontrer l'image désastreuse que celle-ci renvoie de la vieillesse, d'avoir sans doute un peu honte de ne plus être jeune, comme l'évoquait Élie Wiesel, ne les encourage sans doute pas à se mobiliser. Pourtant il s'agit de leur avenir. Oui, les seniors sont dans leur ensemble assez découragés. Ils ont d'ailleurs perdu confiance dans la capacité des pouvoirs publics à changer le paysage de la fin de vie.

J'ai largement commenté plus haut l'exaspération qui s'exprime dans cette tranche de la population qui constate que rien n'avance. Cela fait treize ans que des lois[1] ont été votées pour améliorer la qualité de la fin de vie et ces lois ne sont pas appliquées. Pourquoi cette inertie ? Des plans, des rapports se succèdent, et rien ou presque ne bouge. Les seniors qui ont des moyens, une bonne retraite, un patrimoine se disent qu'ils pourront sans doute subvenir à leurs besoins, sans trop peser sur leur descendance, mais quelle solution y aura-t-il pour les plus pauvres ? La maison de retraite bas de gamme, la promiscuité, le manque d'intimité et parfois de respect. La solitude et la précarité du domicile. À moins qu'ils n'acceptent d'aller habiter chez leur enfant, dans un logement exigu, avec le sentiment insupportable de déran-

1. En 1999, la loi donnant accès à tous aux soins palliatifs ; en 2002, la loi Kouchner sur les droits des malades ; en 2005, la loi Leonetti faisant obligation au médecin de ne pas abandonner son malade en fin de vie, de le soulager avec tous les moyens à sa disposition (antalgiques, sédatifs), même au risque d'écourter sa vie, de ne pas poursuivre les traitements susceptibles de prolonger sa vie, s'il le lui demande.

ger, le risque de maltraitance familiale – une réalité plus fréquente qu'on ne l'imagine, quand les situations de cohabitation deviennent intenables.

Pouvons-nous raisonnablement espérer une amélioration des conditions d'accompagnement et d'accueil des personnes âgées si le paysage économique se détériore encore ? Les sexagénaires d'aujourd'hui sont conscients du danger. On évoque le risque d'un « tsunami suicidaire ». Dans quinze ou vingt ans combien d'entre nous seront dans le dénuement si les retraites ne peuvent être payées et si le minimum vieillesse est supprimé ? Combien préféreront alors mourir que d'être un fardeau pour les autres ? Constat alarmant, direz-vous, en lisant ces lignes ? Il faut pourtant l'évoquer, au moment où notre pays envisage de voter une loi sur le suicide assisté. Une solution peut-être pour ceux qui, malheureux de se sentir de trop, décideront de faire la place à d'autres ? Est-il encore temps de prendre une autre direction ? Est-ce vraiment ainsi que la gauche empêchera que ne se creusent les inégalités devant la mort ?

Une fois qu'on aura entrouvert la porte, la réalité malheureuse de la vieillesse s'engouffrera dans la brèche, et la solidarité inversée, que j'évoquais plus haut, motivera le désir de mourir et d'y être aidé.

Le suicide assisté est-il une solution ?

Même si la culture palliative pénétrait un jour tout le tissu de la médecine, il resterait des situations que certains qualifient de « survie », parfois vécues comme inhumaines. On évoque par exemple le *locked in syndrom,* qui enlève au malade tétraplégique toute possibilité de communiquer au-delà du mouvement des paupières, une situation qui peut durer des années. On évoque aussi les comas prolongés, les états végétatifs chroniques, ou encore l'entrée dans une maladie longue et invalidante, comme la maladie d'Alzheimer. Le sociologue Alain Touraine a récemment demandé que le débat ne se limite pas à l'extrême fin de vie, mais s'intéresse à ces situations de « survie » que certains malades ne se sentent pas la force de supporter, tant l'épreuve est lourde à porter[1].

C'est un appel qu'a entendu Didier Sicard. Sans aller jusqu'à préconiser qu'on légifère sur le suicide assisté, il en a pourtant entrouvert la porte. Son rapport, on l'a vu, reconnaît que mettre à la disposition d'une personne autonome et consciente, atteinte d'une maladie incurable et évolutive, jugeant insupportable de vivre les semaines et les mois qui la séparent de sa fin, un produit lui permettant de se donner la mort elle-même peut être un « *recours ultime* », quitte à ce qu'elle n'utilise pas les médicaments prescrits. Le rapport précise également que, si le législateur voulait aller dans cette direction, il lui faudrait définir un cadre très strict, notamment les critères permettant de vérifier la volonté libre, explicite et répétée du malade. L'État devrait alors prendre ses responsabilités et ne pas les confier aux associations militant pour le droit *à* mourir. Didier Sicard a peut-être craint que ces dernières puissent alors faire la promotion du

1. Alain Touraine, *Libération*, 14 décembre 2012.

suicide assisté ou fassent éventuellement pression sur les personnes malades.

Cette ouverture vers le suicide assisté, connaissant Didier Sicard, n'a pas dû se faire sans tourment. Comment permettre un petit espace de liberté, une petite respiration pour celui qui ne se sent pas capable d'affronter l'épreuve de l'évolution de sa maladie? L'expérience de l'Oregon l'a certainement rassuré. Voilà quinze ans que cet État a dépénalisé l'assistance au suicide de personnes atteintes de maladies graves et incurables. Or, selon le rapport, il y a eu seulement neuf cent trente-cinq demandes déposées et, sur ce nombre, seulement cinq cent quatre-vingt-seize ont été exécutées. Cette expérience montre également qu'avoir la possibilité et la liberté de pouvoir mettre soi-même fin à ses jours, si on le désire, rassure et, dans la moitié des cas, n'est pas conduit à son terme. Mais on est plus inquiet lorsqu'on lit les témoignages des quelques médecins qui ont assisté à l'agonie pénible et parfois longue de celui qui se donne ainsi la mort.

Il faut s'interroger sur le risque d'extension d'une telle mesure : comment contrôlera-t-on la

« *volonté libre* » ? Comment s'assurer qu'elle ne subit pas de pressions conscientes ou inconscientes ? Les médecins accepteront-ils d'être présents au moment du geste et de l'agonie ?

J'ai évoqué plus haut les craintes qu'expriment les papy-boomers lorsqu'ils se projettent dans leur avenir. Le paysage économique se détériorant, les conditions de l'accompagnement et de l'accueil des personnes âgées ne pourront que se dégrader. Démunis, ayant le sentiment d'être un fardeau, ne seront-ils pas acculés à demander la mort ?

Un choix de société

Dès réception du rapport, François Hollande a demandé au Comité d'éthique de réfléchir aux modalités pratiques d'un tel projet. Nous nous demandons comment ce Comité peut mener une telle réflexion, sans qu'il y ait eu un vrai débat sur la question.

Car, si l'on a beaucoup débattu de l'euthanasie, le débat sur le suicide assisté n'a pas encore eu lieu dans notre pays. Curieusement, il a toujours été évité, comme si, en son for intérieur, chaque Français savait qu'il s'agissait d'opter pour un choix de société : d'un côté, une société qui cautionnerait et validerait le fait que le suicide représente une issue acceptable à la souffrance, et qui serait prête à l'organiser ; de l'autre, une société solidaire qui, inlassablement, chercherait les moyens de la soulager, d'aider fraternellement l'être humain à surmonter son désespoir, à traverser ses épreuves et à retrouver goût à la vie, même et surtout dans ses derniers instants.

Il faut enfin se demander si une société peut à la fois lutter contre le suicide des uns et organiser celui des autres. En fonction de quel critère ? L'envie de ne plus vivre ? « *S'il fallait respecter à la lettre la volonté des personnes désirant se suicider, il ne faudrait pas tenter de les sauver médicalement, il ne faudrait pas non plus secourir celui qui se jette à l'eau*[1] », affirme Jean Leonetti qui trouve que creuser cette piste est une très mauvaise idée.

Cette organisation du suicide par l'État est la proposition la plus troublante du rapport Sicard.

1. Jean Leonetti, *À la lumière du crépuscule*, *op. cit.*

Si le suicide est une liberté, il ne peut pas devenir un droit, et qui plus est un droit-créance, opposable.

Pourquoi alors ne pas s'inspirer du Royaume-Uni où une directive du *Crown Prosecution Service,* de février 2010, dépénalise une certaine forme d'aide au suicide ? Si la décision de suicide a été prise en toute indépendance, que la personne qui a apporté son aide n'y trouvait aucun intérêt financier, et si elle a agi clairement par compassion, les poursuites judiciaires ne sont pas engagées. Ne pas légaliser mais savoir ne pas punir, la sagesse est peut-être là ?

Lors d'un atelier que j'ai mené sur ce thème, avec des personnes du troisième et du quatrième âge, nous avons, avec beaucoup d'honnêteté, exprimé la perplexité de nos sentiments et notre réticence vis-à-vis de cette possibilité d'être médicalement assisté dans son suicide. À l'idée d'avoir un produit létal sur la table de nuit et de se demander : « Vais-je le prendre, ne pas le prendre ? Quand ? À quelle heure ? En présence de qui ? », la plupart des participants de l'atelier ont fini par conclure que ce n'était pas la bonne solution. Comme s'il était quasiment impossible de se projeter dans un scénario pareil. C'est alors que j'ai raconté comment ma belle-mère, rassasiée de jours, et ne voulant embêter personne, avait choisi de finir sa vie.

L'anorexie finale

Quand je pense à ma grande vieillesse, si j'ai la chance de vivre jusque-là, et qu'il m'arrive d'imaginer que je puisse être lasse de vivre, ma belle-mère reste un exemple pour moi. Elle a su mourir, rompre les amarres quand le temps est venu. Elle a su se détacher, se déprendre d'elle-même. Un jour, à l'âge de 84 ans, en revenant du marché, elle s'est rendu compte que le goût de manger et de vivre l'avait quittée. Elle n'a pas déballé son marché. Les semaines précédentes, son chien était mort, puis après avoir garé sa voiture en forêt, pour une promenade, elle n'avait pas su retrouver son véhicule. Des pans entiers de sa mémoire semblaient s'évanouir. Intelligente, lucide, elle a vite compris qu'elle commençait une forme de sénilité.

Ce matin-là, elle a téléphoné à son fils, Christopher, pour lui annoncer que sa vie était finie. Elle allait se coucher et attendre que la mort vienne la chercher. Elle avait le sentiment d'être arrivée au bout de son chemin. Inquiet, son fils a pris un train pour aller la voir. Il suspectait une dépression, mais il a trouvé sa mère sereine et déterminée : «*J'ai fait mon temps, j'ai fait ce que j'avais à faire, je suis prête à aller "ailleurs".*» Christopher a cherché à savoir si elle ne se sentait pas trop seule, si elle n'avait pas peur de devenir une charge pour lui. Non, lui a-t-elle répondu, elle pressentait simplement qu'elle allait perdre ses fonctions cognitives et elle préférait mourir consciente, chez elle, d'une mort lucide et acceptée. Tant qu'elle pouvait encore maîtriser son destin. «*Pourquoi faudrait-il attendre d'avoir une maladie et de sombrer dans la déchéance la plus complète pour mourir?*» a-t-elle demandé.

Il n'était pas question pour elle de mettre fin violemment à ses jours ni de demander à quelqu'un de l'aider à le faire. Elle ne voulait pas imposer un suicide à son fils et à ses petits-enfants. Son mari, le père de Christopher, s'était donné la mort, il y avait des années, et elle savait combien ce geste est violent, et les dégâts qu'il fait dans l'entourage. Non, la seule solution pour elle, c'était l'anorexie. Se coucher, arrêter de s'alimenter et attendre la mort. Cela ne lui pesait pas d'ailleurs, car elle n'avait plus faim et plus goût à rien. Elle demandait seulement à son fils de respecter son choix.

Comme il voulait s'assurer qu'elle ne souffrirait pas et qu'elle recevrait les soins nécessaires lorsqu'elle ne pourrait plus se lever, il a demandé à un médecin et à un couple d'infirmiers libéraux de passer la voir tous les jours. Déchargés de leurs responsabilités par un papier en bonne et due forme, ils ont accepté. Bien des personnes autour de nous n'ont pas compris notre attitude. Il aurait fallu que nous l'hospitalisions de force, nous disait-on, qu'on la traite pour dépression, qu'on la force à s'alimenter. Nous avons fait le choix de respecter ce qu'elle voulait. Nous savions qu'elle n'était pas déprimée et que c'était une attitude philosophique, stoïcienne. Si nous l'avions fait hospitaliser, si on lui avait posé une sonde parentérale, elle l'aurait arrachée ; on lui aurait alors attaché les mains, et elle serait morte dans des conditions de violence inouïe. Nous avons préféré prendre le risque d'être poursuivis pour non-assistance à personne en danger, car à l'époque ce que nous avons fait était illégal. Aujourd'hui la loi Leonetti le permettrait.

Je voudrais témoigner d'une chose : alors que tout le monde s'offusque d'une loi qui permet aux personnes très malades, très fragiles ou très âgées de refuser de s'alimenter, sous prétexte que ce serait inhumain, barbare, je sais pour en avoir été témoin tant de fois que l'anorexie finale, chez une personne très affaiblie, n'est pas source de souffrance. Cela semble être une manière de mourir assez commune chez les personnes très âgées qui refusent de s'alimenter et se laissent progressivement glisser dans la mort. Ma belle-mère a mis deux mois à mourir, s'affaiblissant peu à peu, mais elle ne souffrait pas. Cela était vérifié tous les jours par le médecin qui passait. Elle se plaignait parfois que c'était un peu long, mais ne demandait rien. Elle était sereine, méditait beaucoup, et accueillait ceux qui venaient la voir avec le sourire. Elle s'est arrêtée de respirer un soir, dans les bras d'une voisine qui était là près d'elle.

Ce qui est sûr, c'est que cela s'est bien passé. Pas de douleurs, pas de complications, juste une vie qui s'éteint doucement, et lentement. Et un entourage qui vit cela paisiblement, parce qu'il a accepté de ne pas intervenir et de respecter la vérité de l'autre. Les deux mois qu'elle a mis à mourir n'ont pas été inutiles. Chacun a pu aller lui dire au revoir et se préparer à sa mort.

Respecter le syndrome du glissement[1]

Il faut savoir respecter cette manière de se laisser glisser dans la mort, sereinement. On ne sait pas toujours le faire en gériatrie, ni dans les maisons de retraite. Ne pas alimenter quelqu'un est contraire à la culture du soin. Une personne qui refuse de s'alimenter est perçue comme dépressive, et on va la traiter pour une dépression,

1. Le syndrome du glissement est une dégradation généralisée de l'état d'une personne âgée, une dépression préparatoire à la mort.

l'obligeant à manger, parfois avec violence. Pourtant certains gériatres ont une vraie réflexion sur le respect de l'anorexie finale. C'est le cas de François Blanchard : « *Faire la différence entre un syndrome de glissement dépressif et la position de la personne qui demande sereinement à ce qu'on ne la force pas à s'alimenter n'est pas facile à faire. Il faut connaître la personne, savoir si elle a encore envie de vivre, si elle en a encore le goût... Cliniquement, ça n'a pas la même tonalité. Chez les uns (les dépressifs) il y a une tristesse affreuse, un désespoir, une souffrance morale, chez les autres le sentiment tranquille d'avoir fait son temps. La lampe n'a plus d'huile, on est au bout du rouleau. Il n'y a plus de raisons de vivre. Le vieillard se laisse aller paisiblement.* »

Le sociologue Philippe Bataille n'a de cesse, je l'ai dit, de critiquer l'attente et la lenteur qui accompagnent parfois les vies qui s'éteignent. Or, attente et lenteur ont aussi leur raison d'être et leur avantage. Si ma belle-mère avait décidé de boire une potion létale devant ses proches, ou d'avaler une pilule euthanasiante déposée au préalable sur sa table de nuit, je ne suis pas sûre qu'ils se seraient sentis aussi paisibles après sa mort.

Cette histoire d'anorexie finale, je l'ai racontée maintes fois à François Mitterrand. Cette manière stoïcienne de mourir lui plaisait. Rester sujet de sa mort était important. Il craignait dans les dernières semaines de sa vie que des métastases cérébrales le privent de sa lucidité. Il aurait répugné à demander à son médecin d'abréger ses jours, ce qu'il n'aurait d'ailleurs pas fait, et François Mitterrand le savait. Ce qu'il voulait ardemment, c'est «*savoir mourir*». Être capable de ne pas s'accrocher, savoir lâcher prise, se déprendre de lui-même, et partir, une fois ses derniers désirs accomplis. C'est pour cela qu'il entreprendrait ce voyage déraisonnable à Assouan, pour voir une dernière fois l'île Éléphantine depuis la terrasse du Old Cataract. C'est pour cela aussi qu'il irait à Latche pour un dernier réveillon. Ensuite, m'a-t-il dit, il réglerait deux ou trois choses laissées en suspens, tirerait l'échelle, demanderait à son médecin qu'il arrête les traitements qui le maintenaient en vie, arrêterait de s'alimenter, entrerait en lui-même et se préparerait à mourir. N'a-t-il pas donné par sa fin un exemple de mort digne ? Un consentement à mourir, lorsque le moment est venu, une démarche intérieure responsable et non pas une demande exorbitante adressée à autrui ?

Conclusion

Je voudrais citer ici les interrogations et les doutes exprimés devant moi par David Roy, professeur d'éthique à Montréal, un jour où je lui demandais ce qu'il pensait d'une loi dépénalisant l'euthanasie : « *Ceux qui militent en faveur d'une loi sur l'euthanasie rêvent désespérément d'un monde d'hôpitaux parfaits, d'infirmières et de médecins parfaits, de familles idéales. Mais nous ne vivons pas dans un monde idéal de soignants compétents et dévoués, d'institutions au service des personnes et de familles aimantes. Nous vivons dans un monde où l'argent, la rentabilité, le pouvoir dominent. Comment croire qu'une autorisation, même assortie de garanties, ne sera pas vouée à des détournements? Parce que nous ne vivons pas dans un monde idéal, penser que l'euthanasie pourrait se limiter à l'euthanasie volontaire relève de l'illusion... Si l'euthanasie devient un jour légalement, socialement, moralement acceptable, les pressions que l'on mettra sur les personnes qui représentent un poids important pour notre société pourraient bien augmenter. Les demandes d'euthanasie pourraient bien ne plus être du tout volontaires, mais être le résultat de pressions de la part d'enfants ou de petits-enfants qui ne voudraient plus avoir leurs parents ou leurs grands-parents à charge. Je ne suis pas sûr non plus que nous serons capables de résister à toutes les raisons fortes pour lesquelles on estimera devoir euthanasier ceux qui ne peuvent plus demander la mort eux-mêmes mais dont on estimera, de notre point de vue extérieur, que la vie n'a plus de sens.*

« Ce sera vraiment très difficile alors de résister à cette tentation. Je ne dis pas que cela arrivera forcément – je n'en sais rien ! – mais je suis profondément inquiet quand je vois tous ces signes d'insouciance, de manque d'humanité, partout dans le monde, à l'égard des gens vulnérables, brisés, marginalisés. »

L'inquiétude de ce sage québécois, exprimée il y a quinze ans, mais si actuelle aujourd'hui, est partagée par ma génération et la génération des 80-100 ans.

J'ai tenté dans ce petit ouvrage de montrer combien la voie qui consiste à répondre à l'angoisse des Français est étroite. Légaliser l'euthanasie ou le suicide assisté serait ouvrir un droit à la mort, que les personnes âgées redoutent, et que les médecins refusent.

Par contre, se donner tous les moyens pour que la personne en fin de vie, souffrant physiquement et moralement, soit aidée à mourir, endormie s'il le faut, pourquoi pas? Qu'un médecin sollicité par une personne convaincue qu'elle ne sera pas capable de supporter l'évolution terminale de sa maladie ne soit pas pénalisé pour lui avoir prescrit un produit létal, pourquoi pas? Mais qu'une société – et l'État – s'impliquent collectivement dans l'organisation du suicide de ceux qui ne veulent plus vivre, l'enjeu est trop grave.

Le progrès d'une société, comme nous l'a appris l'histoire du XXe siècle, «se mesure aujourd'hui à sa capacité de développer la solidarité, en protégeant et en entourant les plus faibles et non à faciliter leur disparition[1] ».

Sommes-nous prêts à changer de société ? Cela mérite, en tout cas, un vrai débat.

1. Pierre Mazeaud, ancien président du Conseil constitutionnel, président d'honneur du Comité consultatif national d'éthique.

« Protéger et entourer les plus faibles plutôt que faciliter leur disparition », *Le Monde*, 28 janvier 2011.

Les termes utilisés dans le débat

Euthanasie

Étymologiquement le terme signifie « bonne mort ». Actuellement le mot ne désigne plus les qualités de la mort (douce, bonne) mais l'acte qui consiste à mettre fin délibérément et instantanément à la vie d'une personne atteinte d'une maladie grave et incurable. L'euthanasie est assimilée à un homicide et expose aux poursuites prévues dans le code pénal.

Trois pays ont dépénalisé l'euthanasie, la Belgique, le Luxembourg et les Pays-Bas.

Le mot « euthanasie » désigne donc l'euthanasie active. Le « laisser mourir » et le fait de « débrancher » un patient en réanimation, que l'on qualifie parfois d'« euthanasie passive », ne sont pas considérés comme en faisant partie.

Suicide assisté

Contrairement à l'euthanasie où une personne tierce réalise le geste qui conduit à la mort, dans le suicide assisté c'est le patient lui-même qui s'auto-administre la potion mortelle fournie par un tiers.

En France, le suicide n'est pas puni, mais l'incitation au suicide et la non-assistance à personne en danger peuvent entraîner des poursuites.

Le suicide médicalement assisté est légal en Suisse (où il est réalisé par des associations comme Exit ou Dignitas) et dans quelques États américains (l'Oregon, l'État de Washington et le Montana), mais les associations qui le promeuvent y sont interdites.

Sédation terminale

La sédation est un procédé médicamenteux par lequel un patient est endormi, plongé dans un coma artificiel, pour être soulagé de douleurs physiques réfractaires ou d'une souffrance psychique intolérable. Il existe des sédations légères et courtes (appelées le « stop et encore »), fréquemment utilisées en réanimation ou en soins palliatifs, et des sédations profondes quand on plonge le patient en phase terminale d'une maladie dans l'inconscience jusqu'à sa mort. Selon le dosage, le patient peut mourir rapidement ou au contraire dormir très longtemps.

La loi Leonetti permet cette sédation terminale sous certaines conditions et après décision collégiale.

Annexe

Le rapport Sicard fait des propositions que j'avais déjà faites dans mes rapports et qui n'ont pas été retenues. Par exemple :

– Dans le rapport « Fin de vie, le devoir d'accompagnement » (octobre 2003) :

Pour changer la culture médicale :

4. Accorder une reconnaissance universitaire à l'enseignement des soins palliatifs et d'accompagnement. L'enjeu d'une valorisation des soins palliatifs et de l'accompagnement est d'autant plus important que le contexte sociétal a tendance à ne pas accorder de valeur aux soins donnés aux personnes en fin de vie. C'est pourquoi

l'implantation d'une USP dans chaque CHU est essentielle.

18. Inscrire la démarche palliative dans le projet de service des unités confrontées à la fin de vie de leurs patients. Ce qui implique :

- de former un référent soins palliatifs ;
- de mettre en place une formation interne au service ;
- d'organiser le soutien des soignants ;
- d'organiser l'accueil et le soutien des familles ;
- d'intégrer des bénévoles d'accompagnement.

20. Sensibiliser les futurs médecins dès le début de leurs études à la dimension éthique et humaine du soin, à une réflexion sur la fin de vie.

26. Prévoir une visite-formation d'une journée minimum dans une unité de soins palliatifs pour tous les directeurs de soins et cadres de santé, dans l'année qui suit leur prise de fonction.

43. Les médecins doivent recevoir une formation à l'information et au dialogue avec la personne en fin de vie, afin de répondre à ses peurs,

d'anticiper les difficultés, d'établir avec elle une sorte de contrat de non-abandon.

Pour résoudre les cas limites :

40. Étudier en liaison avec le ministère de la Justice la possibilité d'instructions de politique pénale faisant connaître les recommandations de bonnes pratiques définies par les sociétés savantes et les difficultés posées par certaines situations de fin de vie.

Pour informer plus largement le grand public :

44. Il est urgent que la volonté politique de sensibiliser et d'informer la population dans son ensemble se traduise par une campagne de communication forte et soutenue dans le temps.

46. Créer un numéro vert ou azur « Écoute fin de vie » avec triple mission : écouter, informer, orienter.

– Dans le rapport « La France palliative » (mars 2008) :

Pour une harmonisation des pratiques en fin de vie et une application de la loi Leonetti :

- Un message fort du ministre de la Santé ou du président de la République en direction des établissements du sanitaire et du médico-social, pour l'organisation dans des délais très brefs d'un forum intra-hospitalier d'information sur la loi Leonetti et les bonnes pratiques en fin de vie. Ce forum pourrait être animé par un acteur régional des soins palliatifs.
- Ce forum d'information devra être suivi tous les ans d'une table ronde sur l'évaluation de la loi Leonetti. Les présidents des CME [commissions médicales d'établissement] pourraient être impliqués dans la mise en œuvre de cette mesure.
- Un plan de formation obligatoire de tous les professionnels de santé de tous les établissements aux bonnes pratiques en fin de

vie. Objectif : tous les professionnels de santé doivent avoir reçu cette formation dans les deux ans qui viennent.

- En ce qui concerne les situations limites . une circulaire du ministère de la Justice en direction des juges leur demandant de prendre en compte ces situations extrêmes et de ne pas poursuivre des médecins qui invoqueraient la nécessité pour justifier leur décision et leur acte.

TABLE

C'est quoi, « mourir dans la dignité » ? 17

Répondre à l'angoisse des Français 31

Pourquoi en sommes-nous là ? 43

Non à l'euthanasie 67

Aller plus loin pour aider à mourir 85

La fin d'une société solidaire ? 99

Conclusion 125

Les termes utilisés dans le débat 129

Annexe 133

(*Suite du même auteur*)

La Sagesse d'une psychologue
L'œil neuf, 2009

La chaleur du cœur empêche nos corps de rouiller
Robert Laffont, 2008 ; Pocket, 2010

Une vie pour se mettre au monde
en collaboration avec Bertrand Vergely
Carnets Nord, 2010 ; Pocket, 2012

Qu'allons-nous faire de vous ?
(avec Édouard de Hennezel)
Carnets Nord, 2011 ; Pocket, 2013

www.laffont.fr
www.toslog.com/mariedehennezel
www.toslog.com

Cet ouvrage a été imprimé
en février 2013 par

CPI
FIRMIN-DIDOT

27650 Mesnil-sur-l'Estrée
N° d'édition : 53116/01
N° d'impression : 116815
Dépôt légal : mars 2013

Imprimé en France

La photocomposition de cet ouvrage
a été réalisée par
GRAPHIC HAINAUT
59163 Condé-sur-l'Escaut